HITORITABI
1NENSEI

HITORITABI
1NENSEI

HITORITABI
1NENSEI

HITORITABI
1NENSEI

HITORITAB
1NENSEI

一個人去旅行

1年級生

高木直子◎圖文

陳怡君◎譯

要不要試著
一個人去旅行？

前言

大家好，我是高木直子。

這一次，我藉著「一個人去旅行」的名義，
利用一年的時間，背起了行囊獨自一人周遊四海去。
如同書名，關於單獨旅行這件事，我可是個不折不扣的菜鳥。

一個人去旅行，好玩嗎？
我適合獨自旅行嗎？
一個人去旅行，能學到些甚麼？
……種種遲疑與不安，不停的在心中交戰，
唉呀～算了，幹嘛想那麼多，愛去哪裡就去哪裡吧，

與其在這裡空操心而裹足不前，
不如讓心隨意走，瀟灑自在地四處行遊。

這趟處處有驚奇的單人之旅，
竭誠歡迎你一起來同樂。

那麼，我們出發囉！

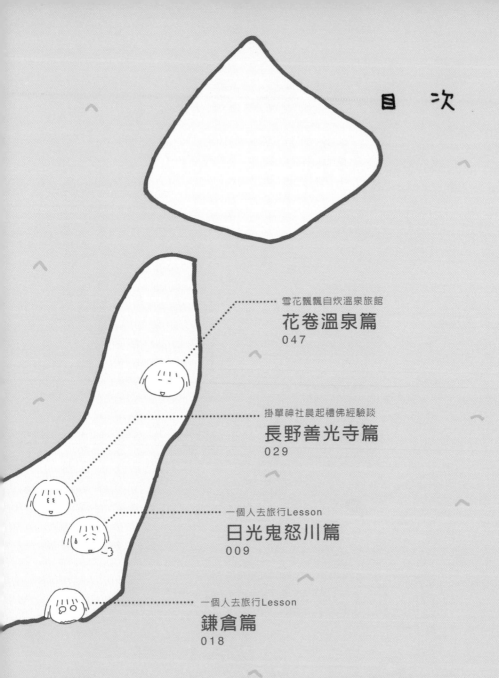

目次

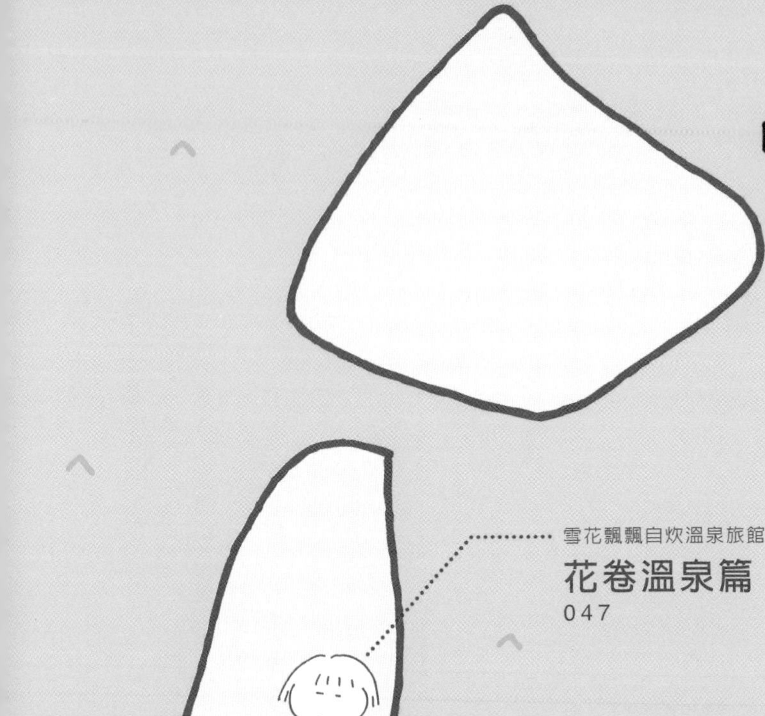

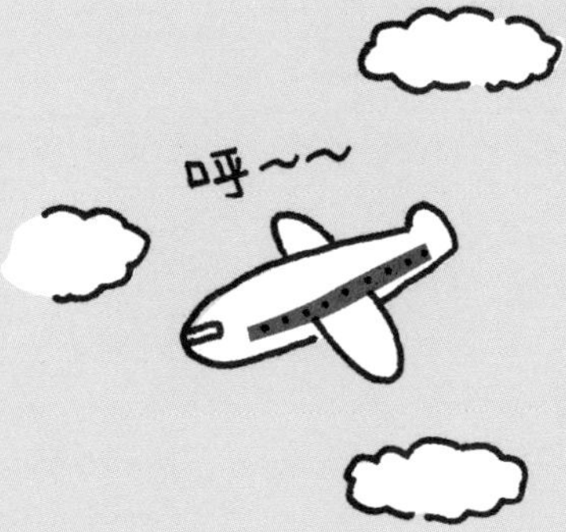
呼~~

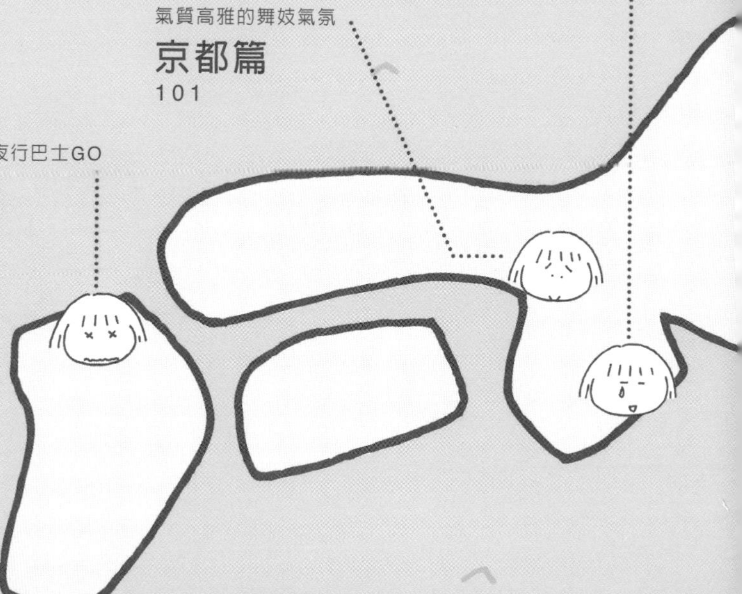

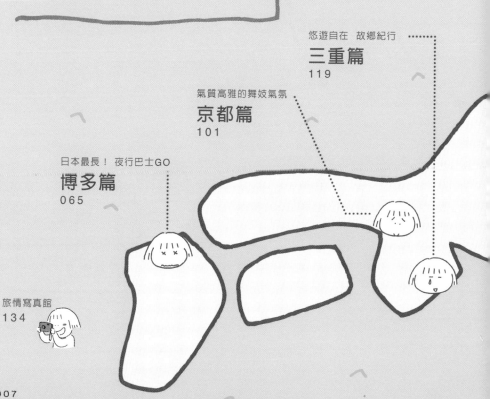

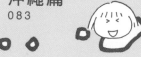

嗡~~

一個人去旅行 Lesson

日光鬼怒川篇

鎌倉篇

我長這麼大，從來不曾
自己一個人去旅行
不愛出門
喜歡獨處
發呆～
體力差
路癡
膽子小
POTATO CHIPS
可是每當聽身邊的朋友說「我一個人去旅行剛回來」時……
我自己一個人去了九州哦—
很好玩呢～～
是呀—
我一個人去泰國住了一個月唷
太好玩了～～
真厲害—
↖土產
真是了不起—我也好想試試看耶……
於是我下定決心……
雖然起步有點晚
加油！—
一個人旅行一年級生
挑戰看看一個人旅行的滋味
一個人去旅行終於要付諸實行了！
話雖如此，馬上就一個人去旅行實在有點可怕，所以我先試著到附近的日光～鬼怒川做兩天一夜的短程旅行
淺草車站
久等了～
明明是單人旅行卻約了兩名同伴
早啊～
從淺草車站搭東武線，到日光大概要兩小時
說是一個人去旅行，第一天我還是約了兩位好友同行
第一天，我們一行三人很開心的四處觀光
日光東照宮
世界遺產
哇～
日光名產湯波料理
豆皮真好吃～
夜宿鬼怒川溫泉
好舒服哪～
小船形狀的露天溫泉

◎譯注：湯波即豆皮之意。

到了第二天早上，兩位友人便打道回府了
鬼怒川溫泉
我們回去囉，祝你一個人玩得愉快—
再見
嗯唔……
昨天的歡樂氣氛瞬間消散……
發呆……
怎…怎會這樣？
再見~~
一開始就一個人來的話，失落感或許還不會這麼重……
但無論如何，這可是我第一次的鬼怒川溫泉之旅呢
朝著名的鬼怒川下行乘船
一個人唷
GO!!
搭船處就在離鬼怒川車站走路五分鐘的地方
蕎麥麵 烏龍麵
鬼怒川乘船下行搭船處
到平安達~
地圖
碎小步
冰淇淋
情侶檔
銀髮夫妻
親友團
女性好友們
哈哈 哇
東張西望
櫃檯
只有一位是嗎~
心跳緊張
看來好像沒有人是落單的耶~
離上船還有一段時間
承蒙李奧納多・狄卡皮歐搭乘本船下行路線☆
哦~~是李奧納多耶…
如果是像昨天那樣的話……
李奧納多也搭過耶~
哇~
是在演出鐵達尼號那個時候吧？
看起來好年輕唷~
……心想。
就能和大家邊聊天邊等著搭船了

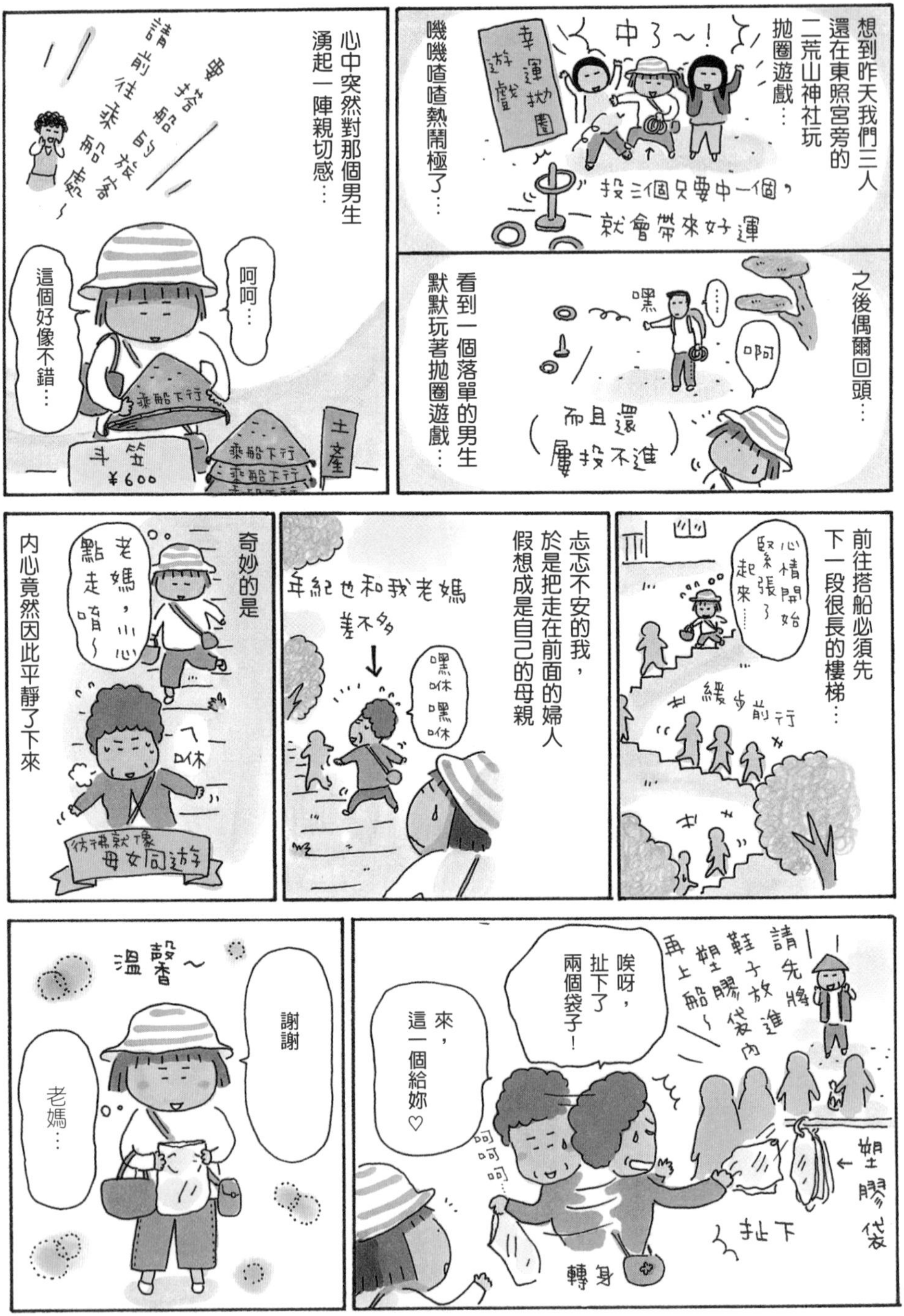
想到昨天我們三人還在東照宮旁的二荒山神社玩拋圈遊戲…
中了～！
幸運拋圈遊戲
投三個只要中一個，就會帶來好運
嘰嘰喳喳熱鬧極了…
之後偶爾回頭…
啊
…
嘿
而且還屢投不進
看到一個落單的男生默默玩著拋圈遊戲…
心中突然對那個男生湧起一陣親切感…
要搭船的旅客請前往乘船處～
呵呵…
這個好像不錯…
乘船下行
斗笠 ¥600
土產
前往搭船必須先下一段很長的樓梯…
心情開始緊張了起來……
緩步前行
忐忑不安的我，於是把走在前面的婦人假想成是自己的母親
年紀也和我老媽差不多
嘿咻嘿咻
奇妙的是
老媽，小心點走唷～
ㄟ咻
彷彿就像母女同遊
內心竟然因此平靜了下來
請先將鞋子放進塑膠袋內再上船～
唉呀，扯下了兩個袋子！
來，這一個給妳♡
呵呵呵…
塑膠袋
扯下
轉身
溫馨～
謝謝
老媽…

船終於要開始下行了
乘船時間大約40分鐘，
船夫沿途做了許多解說與介紹
我們出發囉～
老媽
我
防水塑膠布
那邊的是猿岩
喔～
真的很像猩猩耶～
前方是積木岩
嗯嗯～
原來如此啊
那邊是孕婦岩
唔……
肚子？
頭？
我旁邊剛好坐了一對熱戀中的情侶，
雖然有點掃興…
俊男美女
外國人
用膝蓋圈住
老媽
……
但沿途映入眼簾的美麗景致，
讓單獨旅行的寂寞感…
漸漸煙消雲散……
啾
啾
徐徐微風
呵呵呵
閃亮
浪花
啪～沙
這般的閒情逸致，
讓整趟旅程變得輕鬆愉快
途中還拍了紀念照。
鬼怒川下行
我
一張1000日圓
加油啊
即使只有一個人，
還是能保有安穩自在的心境唷。

乘船下行之旅也結束了…
接下來咧？去日光江戶村？還是東武世界廣場？
猶豫中～
可是一個人去主題公園的話…
旅遊指南
日光鬼怒川
說到栃木縣，老早以前我就很想去宇都宮吃煎餃了
憧憬的……
我最愛煎餃了!!
宇都宮煎餃
…於是乎，我火速前往宇都宮
但旅遊指南內沒介紹，無法得知宇都宮的詳細資料…
哪家的煎餃好吃呢……
除了煎餃，有哪些地方值得去看看咧…
卡答……
車轔隆……
日光
想得到的就只有縣廳所在地或TM NETWORK的宇都宮先生……
只有一份在旅館順手拿的「宇都宮煎餃地圖」……
大約兩小時後抵達宇都宮
鬼怒川溫泉
(東武線)
宇都宮
東武宇都宮
YES!宇都宮初體驗—
還真遠哪…
※後來才知道，如果走鬼怒川溫泉(東武)下今市…(步行)…今市(JR)宇都宮路線，只要一小時左右就能到達囉……
第一站先前往名店「min min」
みんみん
餃子東門
要一個人進去耶，好緊張—
這家店成了我的最愛
懷舊的裝潢感覺很優
歡迎光臨
菜單就這些
水餃 220円
油炸餃子 220円
煎餃 220円
白飯 100円
啤酒 400円
真好吃—
為了搭配煎餃而研發的「餃子浪漫」啤酒。小瓶裝即使一人獨享也很合適。
在地啤酒
即使一個人來也不會有壓力

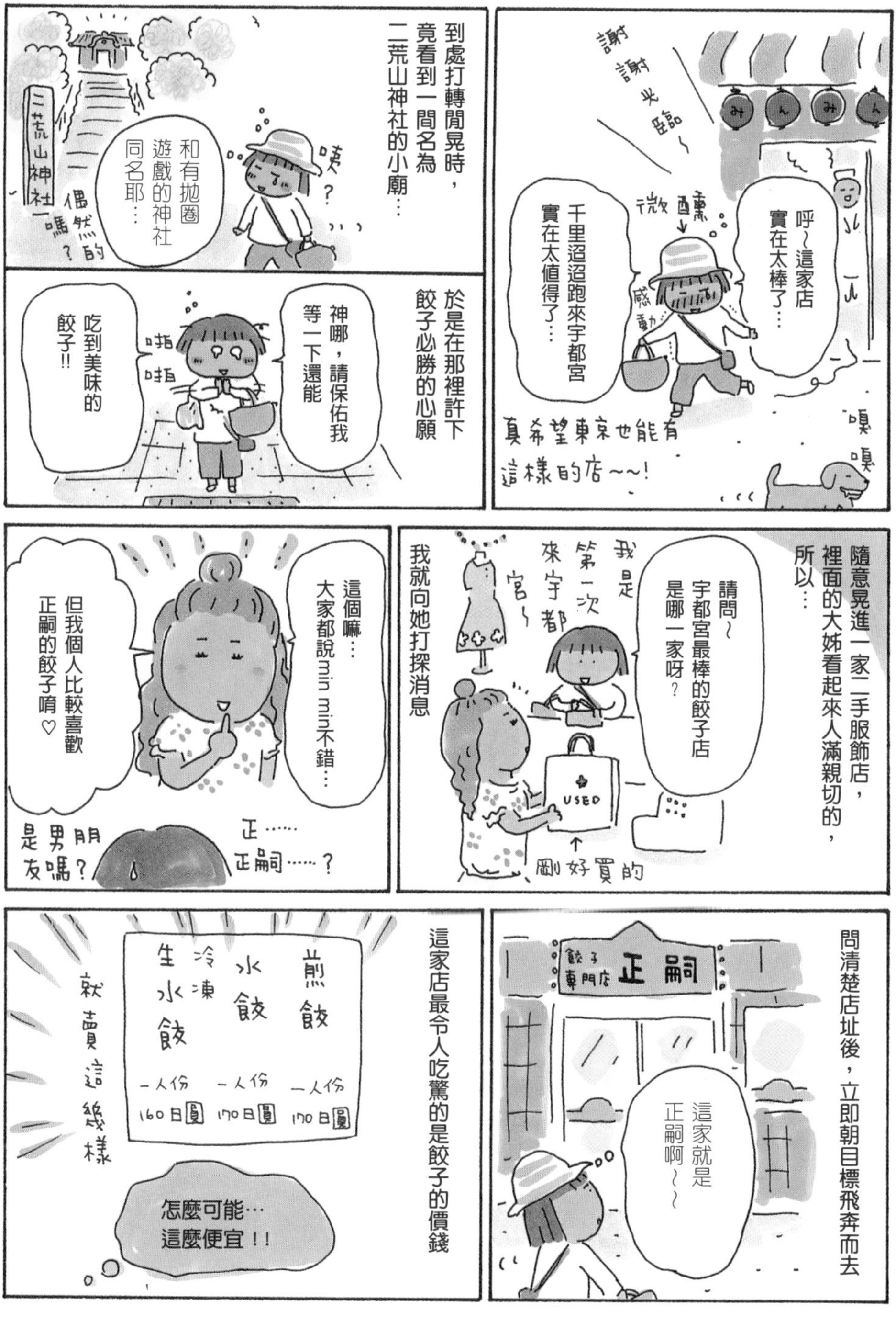
謝謝光臨～
みんみん
呼～這家店實在太棒了…
微醺
感動
千里迢迢跑來宇都宮實在太值得了…
真希望東京也能有這樣的店～～！
嗅嗅
到處打轉閒晃時，竟看到一間名為二荒山神社的小廟…
二荒山神社
咦？
和有拋圈遊戲的神社同名耶…
偶然的嗎？
於是在那裡許下餃子必勝的心願
神哪，請保佑我等一下還能
吃到美味的餃子!!
啪啪
隨意晃進一家二手服飾店，裡面的大姊看起來人滿親切的，所以…
請問～宇都宮最棒的餃子店是哪一家呀？
我是第一次來宇都宮～
USED
剛好買的
我就向她打探消息
這個嘛…大家都說ㄇㄧㄣ ㄇㄧㄣ不錯…
但我個人比較喜歡正嗣的餃子唷♡
正……正嗣……？
是男朋友嗎？
問清楚店址後，立即朝目標飛奔而去
餃子專門店 正嗣
這家就是正嗣啊～～
這家店最令人吃驚的是餃子的價錢
煎餃 一人份 170日圓
水餃 一人份 170日圓
生冷凍水餃 一人份 160日圓
就賣這幾樣
怎麼可能…這麼便宜！！

中途來了兩個學生模樣的男客人
煎四 水二～
他們是這樣點菜的
煎餃四份 水餃兩份
宇都宮的男生都這麼會吃呀？
不過一個人吃三分也花不了多少錢～啦
這家的煎餃也是好吃到不行…
好吃～～♥
我喜歡～
蔬菜餡料比min min還多，口感很清爽
因為沒多少錢，付錢時超害羞的…
謝謝，一共170日圓
冒煙～
噹噹
不好意思只吃了一盤～
之後我又去了另一家感覺還不錯的煎餃店，但是…
營業中
咦…怎麼沒客人？
只有一個店員默默包著餃子
實在沒勇氣推門進去
四處晃了一會兒後再來一次，店裡還是沒客人
怎辦…好想吃但一個人進去好尷尬…
偷瞄
電線杆
最後我終究沒上門
卡達……
轟隆……
嗚…剛才應該鼓起勇氣進去的…
都已經來到門口了說……
說不定是全宇宙最好吃的煎餃呢……
第一次的一個人旅行（只有第一天）就這樣留下了些許遺憾結束了

日光鬼怒川集錦

充滿在地風情的
各式紀念品。

min min本店。
正嗣也在這附近。

打算把這位當成
「一起來旅行的老媽」。

第二天起開始單獨行動的日光鬼怒川篇，由於我還不習慣一個人旅遊，心裡老惦記著周圍的眼光，擔心別人指指點點：「啊，那個人自己一個人來玩耶。」即使不斷告訴自己「不要在乎這種事啦」，但就是放不下這個包袱。

談個題外話，之後我又再度造訪宇都宮，打算大啖煎餃。可能是星期六晚上去的關係吧，「min min」或「正嗣」的店門口都是大排長龍，根本進不去。本篇曾提到「裡面沒客人結果沒進去」的那家店，門口也是擠滿了饕客。可惜我的時間不多，著實令人扼腕。「當時應該鼓起勇氣進去」的懊悔心情，再次湧現心頭。

➡DATA
鬼怒川乘船下行● 栃木縣日光鬼怒川溫泉大原1414　☎TEL0288-77-0531 http://linekudari.com/
宇都宮min min本店● 栃木縣宇都宮市馬場通4-2-3　☎TEL 028-622-5789 http://www.minmin.co.jp
煎餃專賣店正嗣宮島店● 栃木縣宇都宮市馬場通 4-3-8　☎TEL 028-622-7058 http://www.ucatv.ne.jp/ishop/masahi/

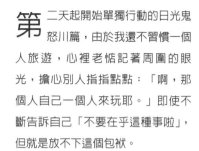

這次終於是從出發起就是一個人的旅行，
目的地是頗受女性喜愛的
鎌倉!!
從東京搭電車過去大概一小時
心想反正很近，就慢慢晃過去吧…
東京
JR
東京灣
鎌倉
沒想到還是一轉眼就到了
鎌倉~
鎌倉~
鎌倉
嚇
睡著了→
首先到旅遊指南上介紹的玉子燒蛋捲店
「ozawa」報到
營業中
Ozawa
入口在上面
進入看不到店內情況的店裡就特別容易緊張的體質
心跳緊張
這也是一家排隊才吃得到美食的人氣店
香軟的玉子燒蛋捲入口即化好吃極了
玉子燒套餐
1200日圓
好~好吃唷!
Ozawa
滿足~
不過一個人在這種觀光地區吃東西，
心中難免還是會七上八下…
情侶檔
鬆鬆軟軟的
真好吃~♥
女性好友
等一下要去哪裡？
我想搭江之電電車耶
沒有人是落單的…
這些人心裡會不會想著，那傢伙自己一人吃飯，好像很寂寞耶~之類的…
鬱卒…

但也說不定…
那女生是一個人旅行吧？
一個人特地跑來吃玉子燒，感覺好成熟唷～～
嚼嚼
是這樣想…？
不斷胡思亂想的我完全無法好好品嘗玉子燒
得想個辦法轉換情緒
試試看翹腳好了
我們先去看大佛如何～？
嗯～～好哇～
鎌倉
（根本就沒人注意到……）
之後順著小町通漫步走向鶴岡八幡宮
復古服飾店
好讚～
民族風上衣
買～
好吃♥
冰淇淋
鶴岡八幡宮
哇，好多烏龜耶！
游 游
可惜這次帶的地圖太大張，好難找唷～
拉～開
夾在旅遊指南內的地圖
MAP
鎌倉
鎌倉雕刻飾品
大概三小時後…
唉唷～累死了～
無力
沒有先寄放行李是一大失策
於是下午三點，我便速速前往旅館check in
HOTEL
歡迎單人旅客的廉價旅館
梅之間
這是您的房間
卡啦
!!

打開房門，沒想到房間竟然這麼窄小…
頂多三個（榻榻米大？）
床
桌子
電視機
冰箱
好小唷~
想到得一個人在這房間睡覺就渾身無力…
傻眼
這種地方能睡嗎……
越想越累，結果竟然因此倒頭大睡…
呼
大概兩小時後…
啊…竟然睡著了！
糟糕…已經傍晚了…
唰~唰~
突然興起「想看落入海中的夕陽」的念頭，於是飛奔前往搭乘江之電電車
到海邊看夕陽……感覺很像女性單獨旅行該做的事耶！
卡答轟隆……
於是我在長谷站下車，快步往由比濱衝刺
快呀！太陽就要下山囉~
快跑
可惜從這頭的海岸看過去，太陽已經沉到另一邊去嚕…
太陽往這頭下山了
啊…ㄟ？
喘~
呼~哈~
空~無一物

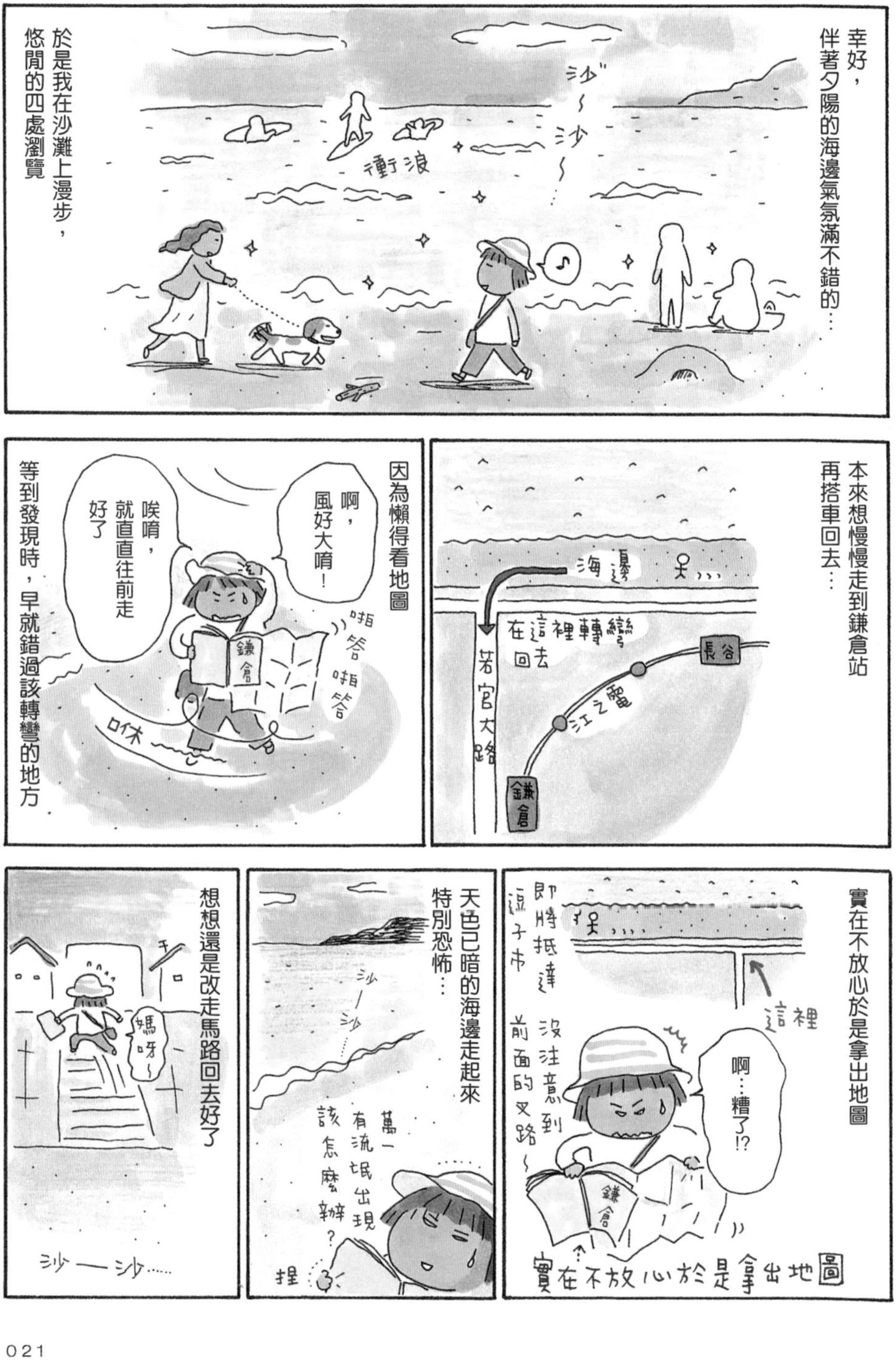
幸好，伴著夕陽的海邊氣氛滿不錯的……
沙~沙~
衝浪
於是我在沙灘上漫步，悠閒的四處瀏覽
本來想慢慢走到鎌倉站再搭車回去…
海邊
在這裡轉彎回去
長谷
江之電
若宮大路
鎌倉
因為懶得看地圖
啊，風好大唷！
唉唷，就直直往前走好了
啪答啪答
咻
鎌倉
等到發現時，早就錯過該轉彎的地方
實在不放心於是拿出地圖
即將抵達逗子市
這裡
啊…糟了!?
沒注意到前面的叉路~
鎌倉
實在不放心於是拿出地圖
天色已暗的海邊走起來特別恐怖…
沙—沙…
萬一有流氓出現該怎麼辦？
捏
想想還是改走馬路回去好了
媽呀~
沙—沙……

這附近好像沒有電車站…
看來只好走路回去了……
蹣跚
這一帶的巷弄彷彿迷宮般複雜
ㄟ？該走哪條路啊？
幾分鐘後我就完全迷路了
唉呀呀…
這裡是哪裡啦……？
怎麼辦…天色越來越暗，連地圖都看不清楚了……
慌～～
難道我真的會在這個本以為又近又安全的鎌倉…
遇難嗎!?
嗚哇……
媽～媽……
這…這時候
公車
往鎌倉車站
上車處
啊!!
於是我搭上公車，終於回到了鎌倉站
天黑黑
鎌倉站
嗚～得救了—
噗～
謝謝你啊公車～
滿身大汗的我於是到澡堂梳洗一番
鎌倉最古老的澡堂—瀧乃湯

這個古意十足的澡堂
來洗澡的也大多是上了年紀的老人家
呵呵
泡進熱水裡～
哇～好舒服唷～♡
身心都暖和了起來，就在差不多該回去的時候…
呼～通體舒暢～♡
開門
啊
妳沒帶傘來呀？
櫃檯
啊…是啊…
妳住哪裡呀？
○○旅館
喔，那得走一小段路呢…
我的傘借妳好了～
啊，可是…
這些人的好意真令我感動，但因為雨不大，所以我罩著浴巾，快步跑回旅館去
感動
小跑步

回到旅館後…
呼～
剛才還嫌它又小又寂寞的房間
啪
……
頓時變得可愛了起來
嘩啦…
賴在床上
汯～
隔壁男子浴室的聲音
哈哈哈……
嗡～～
電視
冰箱
想想…這房間和我剛上東京時住的地方差不多耶…
那個小小的單人房……好懷念哪……
這一晚睡得又香又甜
呼～ 哈～ 呼～
鎌倉這個地方，似乎很容易讓人生起淡淡的懷舊心情，內心也跟著輕鬆、溫暖起來呢。

鎌倉集錦

貨真價實的單槍匹馬之旅鎌倉篇，老實說出發前因為還在拚命蒐集資料，加上心情緊張睡不著，可說是在睡眠不足的狀態下迷迷糊糊出門的(所以才會在車上睡著啦)。

此外，因為毫無頭緒的來回亂走，搞得自己累得半死，隔天身體狀況變得很差，只好收拾行囊，逃回東京。討厭啦，人家原本還打算去江之島嘗嘗著名的「魩仔魚丼」的說…嗚～

回家之後，我徹底反省了一番：正因為是一個人旅行，所以得更注意自己的健康狀況，絕不能硬撐或有任何勉強自己的舉動啊。

此外，畢竟是第一次單獨旅行，想想當時真應該住稍微好一點的旅館呢。

氣氛超好的澡堂…

公車先生…
看到上頭的「鎌倉站」三個字，忍不住熱淚盈眶

➡DATA

玉子燒ozawa ● 神奈川縣鎌倉市小町2-9-6 AK大樓2樓 ☎ TEL 0467-23-5024

瀧乃湯 ● 2006年3月31日停止營業 ☎ TEL 028-622-5789 http://www.minmin.co.jp

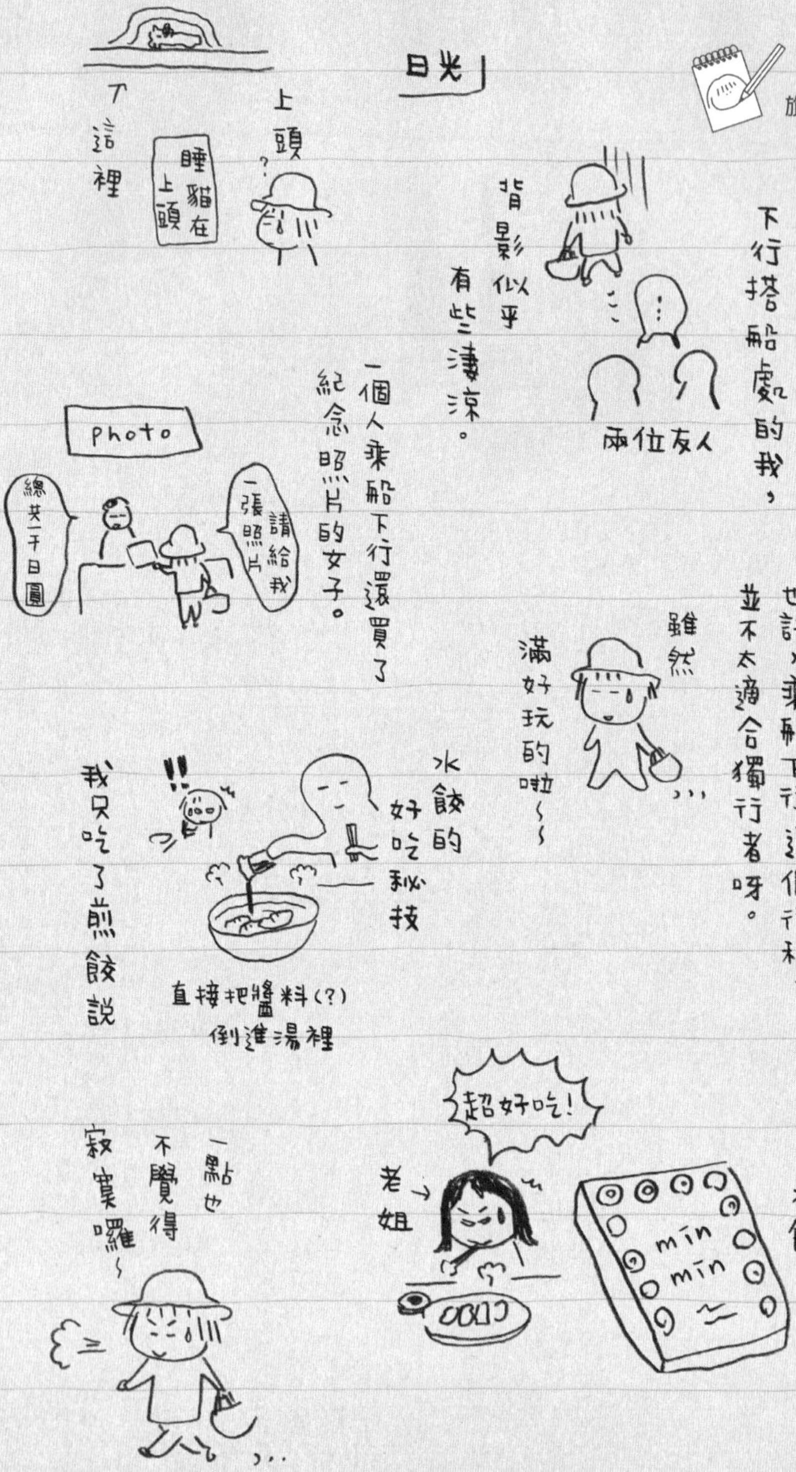
日光
告別了兩位友人
獨自前往乘船
下行搭船處的我，
兩位友人
背影似乎
有些淒涼。
一個人乘船下行還買了
紀念照片的女子。
這裡
睡貓在上頭
上頭
photo
請給我一張照片
總共一千日圓
也許，乘船下行這個行程，
並不太適合獨行者呀。
雖然
滿好玩的啦~~
水餃的好吃秘技
直接把醬料(?)倒進湯裡
我只吃了煎餃說
我買了冷凍水餃回去
超好吃!
老姐
min min
一點也不覺得寂寞囉~

鎌倉
這裡頭有幾個蛋呀?
我老媽
一天只能吃一個蛋喔
Ozawa
走來
走去
找到店門之前在門口來回錯過了四五次
沙——
好想在海邊溜狗唷
硬是要把鏡子掛在窗前
還缺了一角
阿姨大嬸們都好可愛……
還是沒啥單獨旅行的氣氛耶～
鍋狀倉庫

(譯注：日文發音同鎌倉)

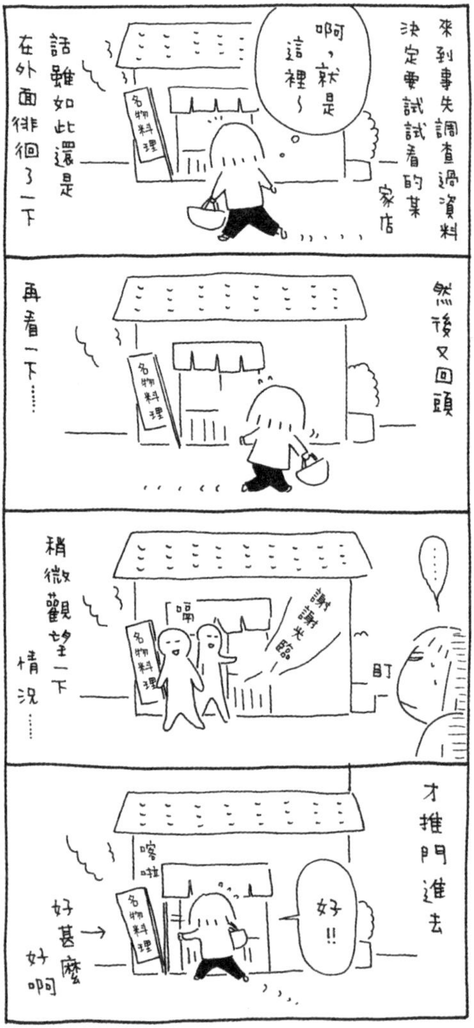
來到事先調查過資料決定要試試看的某一家店
啊，就是這裡～
話雖如此還是在外面徘徊了一下
然後又回頭
再看一下……
……
盯
謝謝光臨
喀
稍微觀望一下情況……
才推門進去
好!!
喀啦
好甚麼好啊

掛單神社晨起禮佛經驗談

長野善光寺篇

這次的單人之旅，目的地長野縣的善光寺
試試看在神社裡掛單住宿～♥
篇
不過，平常只在有所求時才會去廟裡拜拜、號稱佛教徒卻不怎麼虔誠的我…
ㄜ…神明啊，無論如何請一定要保佑我喔——
南無阿彌陀佛
噹
（過年時是有去拜拜啦……）
雖然很想試試在廟裡掛單，但要住在裡頭多少還是有點擔心…
想像中的掛單生活
唔～
打坐
精進料理
嗚
簡樸
發抖
瀑布
嘩啦啦……
修行
南無阿彌陀佛～
南無阿彌陀佛～
誦經
雜務
嘿咻嘿咻
擦擦
善光寺位於長野站，從東京搭長野新幹線過去大概要兩小時
新潟
長野
群馬
軽井沢
長野
埼玉
東京
山梨
神奈川
長野
ながの
Nagano
嘰嘰
喳喳
呼～終於到了
嘰喳
喔♥

一到長野站，各種美食立即躍入眼簾
信州蕎麥麵
加了信州香菇唷
信州名產烤餅
要不要試試看哪
小鍋飯
信州名產
蕎麥饅頭
元祖
便當
信州產蘋果
葡萄
栗子
野澤菜
名產
高原冰淇淋
○○村特產
「信州產」聽起來就很吸引人耶～
心動～
口水……
於是我馬上買了烤餅
烤餅
歡迎光臨
送禮自用兩相宜!!
請給我野澤菜口味的烤餅
我要馬上吃的
請用—
謝謝—
嗯～～好吃耶～～
嚼嚼
真希望東京的便利商店也能賣這個～！
我懷著觀光客的心情打算邊吃烤餅邊散步到善光寺去，沒想到長野站非常現代化，在路上邊走邊吃還滿丟臉的……
從大樓間還是能看到遠山，不愧是長野啊……
HOTEL
百貨公司
SALE
呵呵
害羞～
嚼嚼
徒步到善光寺大約三十分鐘

不過走了一小段路後，街景慢慢古意盎然了起來…
感覺真好—
漫步
終於到達今天要住宿的廂房
兄部坊
兄部坊
緊張心跳
喔～
懷著忐忑的心情進門，裡頭純日式的寧靜氣氛讓我頓時平靜了下來…
請進—
哇～
清心
您的房間在這裡
房間很乾淨，讓人安心
哇，好寬敞唷♡
請別拘束，就當自己的家吧～
還分成兩個房間耶～
床已經鋪好了
但和隔壁房間僅隔著紙門…
哈哈哈
年齡層約六、七十歲左右的「詩友會」團體客
走廊
……
對於我這個習慣「門窗要鎖好」的都市人來說，實在很難適應
唉唷，萬一有人走錯房間跑了進來該怎麼辦？
這門看起來和入口簡直一模一樣……
真希望有這個東西……
長棍子

幫您送晚餐來——
就在煩惱猶豫之時，也到了晚餐時間了
啊……謝謝
晚餐當然是
精進料理
長得像燒賣的蓮藕
芝麻豆腐
罕見的海苔涼拌
看起來像蒲燒鰻魚，但其實是豆皮做成的
調味品
很像馬鈴薯丁的東西
各種燉物
杏仁酒
哇—好漂亮啊——
好漂亮啊~♡
精進料理比我想像的還要豪華……
看起來賞心悅目……
嚼 嚼 嚼
嘗起來也很美味~
這是天婦羅
不停的上菜
烤茄子
呼—肚子好飽喔……
早知道剛才就該忍住不吃烤餅的……
蕎麥麵
茶泡飯
無花果點心
之後還一個人去泡澡……
呼~
澡堂也很乾淨呢——♡
嘩~沙
嗯~氣氛真好♡
在寺廟住上一晚挺不賴的~♪
滾來滾去

由於明早要參加善光寺六點開始舉行的「晨會」，所以晚上早早便就寢了
pm 10:00
嗯~五點起床應該來得及吧…
嗶 嗶 嗶
應該起得來吧…
在手機裡設定鬧鐘
平常習慣賴床的我，非常擔心自己睡過頭…
已經鑽進被窩裡的我卻怎樣都睡不著
哈哈哈
果然光靠紙門是沒辦法隔音的…
啪嗒
呵呵呵……
月影穿窗入 銀光映紙扉……
還在吟詩作對
唔~快睡著吧 快睡著吧 快…
哇哈哈……
秋風起~
呼~
隔天清晨…
喀啦喀啦
睜眼……
早晨一到，周遭的噪音馬上就能把人吵醒，根本不必擔心起不來
喀啦喀啦
啪嗒啪嗒……
才…才清晨四點而已耶…
大家還起得真早哪……
啊，早安
睡飽啦？

廂房的負責人會帶領大家參加晨會
這一棟建築物是～
一路上做了不少解說
兄部坊
這座雕像是～
其他廂房的住客們
詩友會會友們
妳是一個人來呀？
嗯，是啊……
啾啾
晨光
一大早就起床，真是神清氣爽呢——
嗯
就在抵達門口之前
現在，請大家排成一列
兄部坊
突然向大家如此宣布……
？
～長排～
一會兒後，遮著大紅傘的住持從對面緩步走來……
住持用佛珠輕輕拂過跪地參拜者的頭頂，進行「佛珠加持」儀式
南無阿彌陀佛
南無阿彌陀佛
啪
據說能累積功德
嘿咻

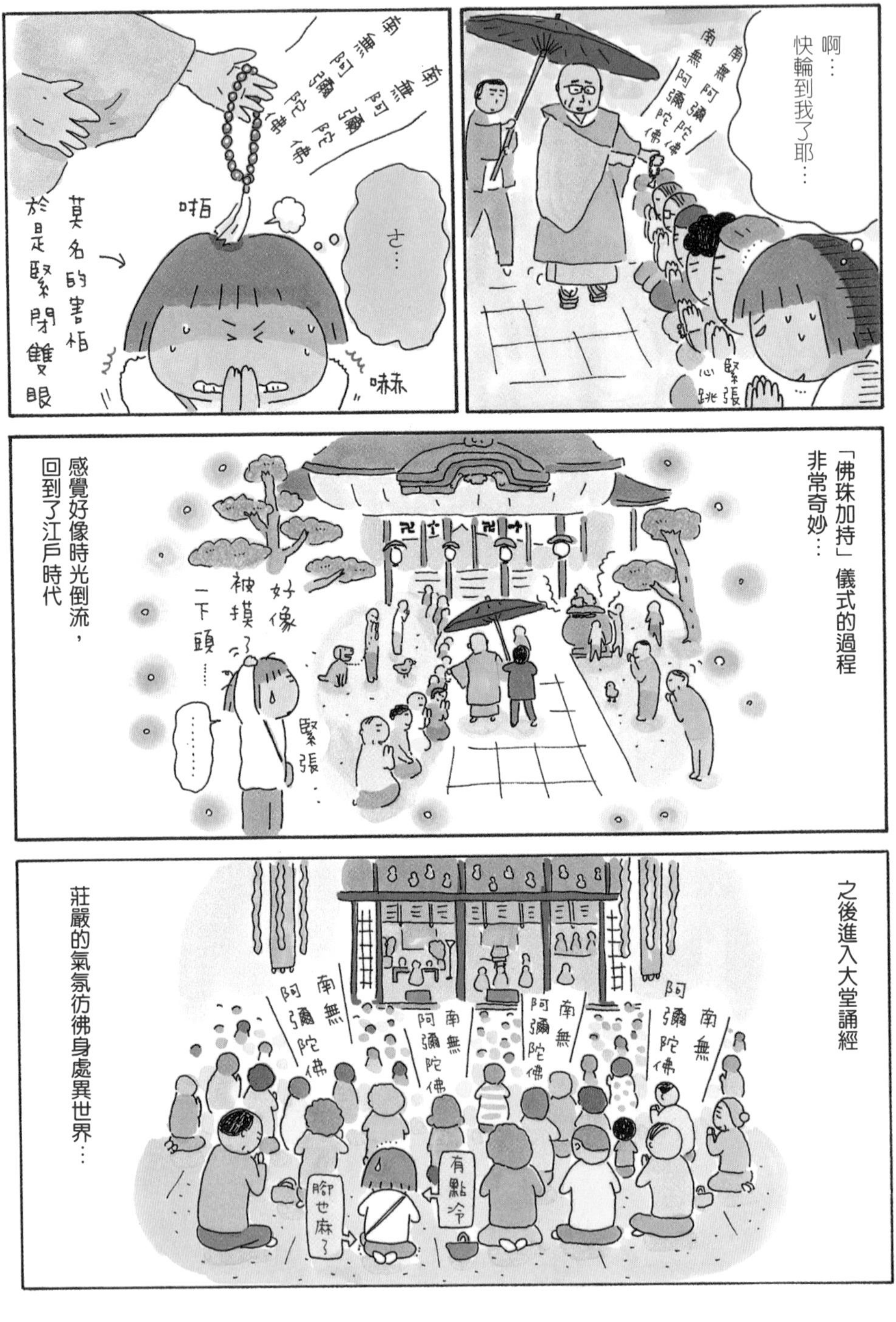
啊…
快輪到我了耶…
南無阿彌陀佛
南無阿彌陀佛
緊張
心跳
南無阿彌陀佛
南無阿彌陀佛
ㄜ…
啪
莫名的害怕
於是緊閉雙眼
咻
「佛珠加持」儀式的過程
非常奇妙…
好像
被摸了
一下頭……
……
緊張
感覺好像時光倒流，
回到了江戶時代
之後進入大堂誦經
南無阿彌陀佛
南無阿彌陀佛
南無阿彌陀佛
南無阿彌陀佛
有點冷
腳也麻了
莊嚴的氣氛彷彿身處異世界…

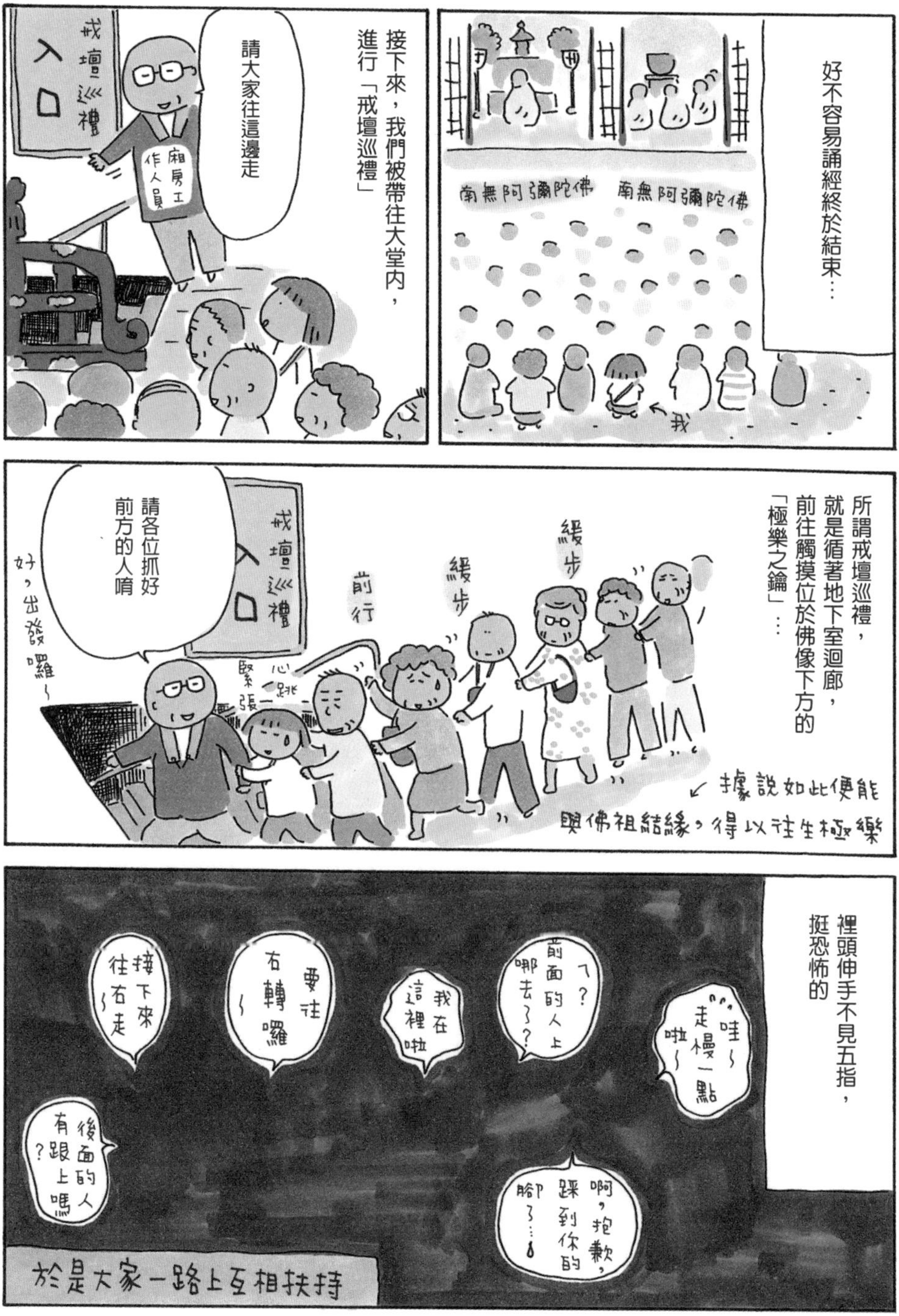
好不容易誦經終於結束…
南無阿彌陀佛
南無阿彌陀佛
我
接下來，我們被帶往大堂內，進行「戒壇巡禮」
請大家往這邊走
戒壇巡禮
入口
廂房工作人員
所謂戒壇巡禮，就是循著地下室迴廊，前往觸摸位於佛像下方的「極樂之鑰」……
據說如此便能與佛祖結緣，得以往生極樂
緩步
緩步
前行
心跳
緊張
請各位抓好前方的人唷
好，出發囉～
戒壇巡禮
入口
裡頭伸手不見五指，挺恐怖的
哇～走慢一點啦～
ㄟ？前面的人上哪去了？
我在這裡啦
要往右轉囉～
接下來往右走～
啊，抱歉，踩到你的腳了…
後面的人有跟上嗎？
於是大家一路上互相扶持

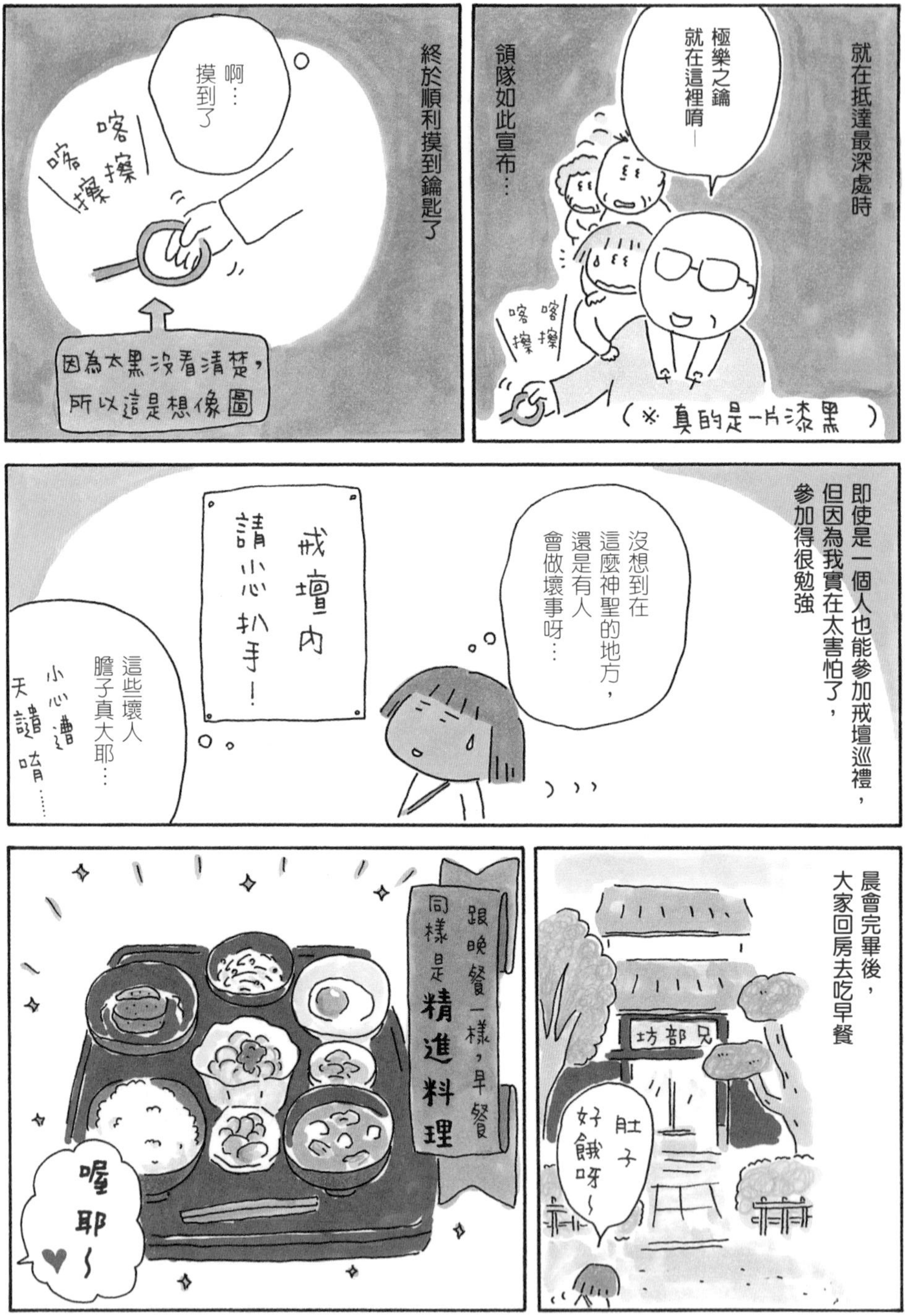
就在抵達最深處時
極樂之鑰就在這裡唷—
領隊如此宣布…
喀擦 喀擦
（※真的是一片漆黑）
終於順利摸到鑰匙了
啊…摸到了
喀擦 喀擦
因為太黑沒看清楚，所以這是想像圖
即使是一個人也能參加戒壇巡禮，但因為我實在太害怕了，參加得很勉強
沒想到在這麼神聖的地方，還是有人會做壞事呀…
戒壇內請小心扒手！
這些壞人膽子真大耶…
小心遭天譴唷……
晨會完畢後，大家回房去吃早餐
兄部坊
肚子好餓呀～
跟晚餐一樣，早餐同樣是精進料理
喔耶～♥

可能是起得早吧？
東西特別好吃耶～♡
再添一碗
感覺好健康唷—
嗝……
此時我已經慢慢習慣這裡了，即使房間之間只隔著紙門，我也無所謂了
門還開著就跑去刷牙
沒關門就直接換起衣服的大叔
離開留宿的地方後…
路上小心喔—
感謝您的照顧～
我又自己一個人跑去善光寺
咕

我參觀了收藏所有佛經的藏經閣
當中有座稱之為輪藏的八角形書庫，
能夠像陀螺一樣旋轉
轉
轉
只要轉動它，
就能得到等同於誦讀過所有佛經的功德
於是我立刻捲起袖子挑戰！
喝～～
…話雖如此，但實在太重，
完全推不動
呼呼～～
嘰嘰喳喳
ㄟ？
這三人來得正巧，於是
轉
轉
轉
轉
呵呵…
哇哈哈
哇～
哈哈
我便悄悄搭了他們的順風車…

呼，終於還是轉動了，真棒……
下階梯……
真累人哪
啊
果然也是和我一樣……
文風不動……
嘿咻嘿咻
呵……咦？
剛才我也試過了，但一個人是轉不動的唷——
妳好～
前輩
我
喘喘
於是我上前幫忙
兩人同心協力，終於轉動了
嘿咻嘿咻
嘰嘰……
喝～
之後我又去了史料館
這裡展示了許多雕像，包括立在善光寺門口的仁王像原型
南無阿弥陀佛
善光寺
現場錄影中
好小唷……
哇—

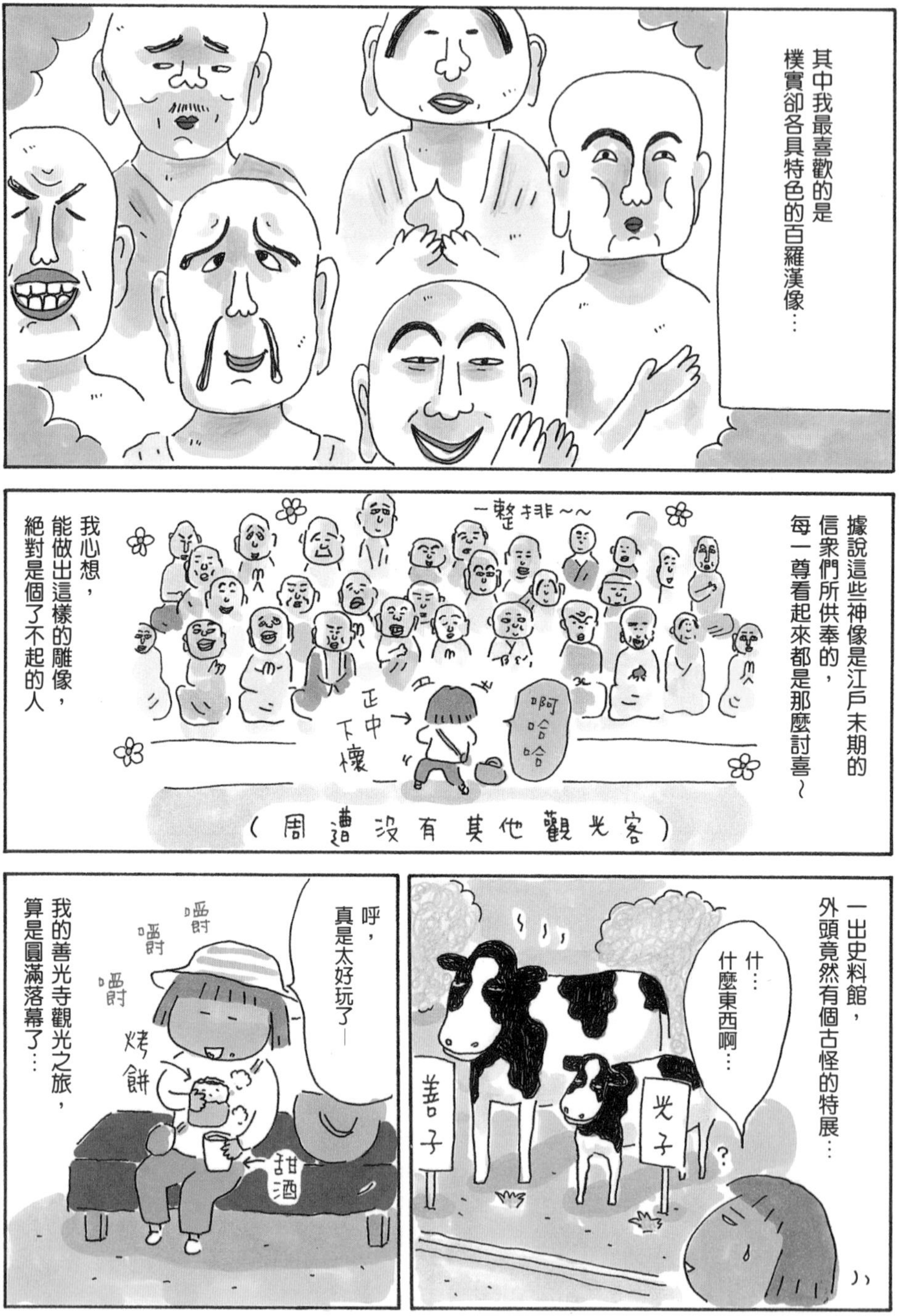
其中我最喜歡的是
樸實卻各具特色的百羅漢像…
據說這些神像是江戶末期的
信眾們所供奉的，
每一尊看起來都是那麼討喜~
一整排~~
正中下懷
啊哈哈
我心想，
能做出這樣的雕像，
絕對是個了不起的人
(周遭沒有其他觀光客)
一出史料館，
外頭竟然有個古怪的特展…
什…
什麼東西啊…
善子
光子
?
呼，
真是太好玩了—
嚼
嚼
嚼
烤餅
甜酒
我的善光寺觀光之旅，
算是圓滿落幕了…

接下來就是買點土產回家囉
買了這些東西
烤餅
給自己的土產
烤餅
不同店買的
善光寺名產
八幡屋礒五郎之
七味辣椒粉
對了，買些水果送給好友們吧—♡
信州蘋果
栗子
信州產葡萄
看起來好好吃唷！
興致一來買了一堆，結果行李變得超重…
重…重死了…
大包小包……
要不要把野澤菜丟了呀…
烤餅6個
蘋果9顆
七味粉
葡萄2串
啊…想起來了，老姐叫我幫她買鍋飯回去!!
記得幫我買OKINOYA的鍋飯唷~~♥
姊
OKINOYA
鍋飯
元祖
名物
加上鍋飯，行李更沉重了…
謝謝惠顧
沉重
!!
鍋飯2份裝
也幫自己買了一份
回家時一路上走得踉踉蹌蹌的
嗚…好重哪~!!
葡萄
鍋飯
腿軟
更慘的是還遇到下雨

早睡早起
神清氣爽~
真希望
每天都能如此
就平均年齡來說
我還是挺年輕的呢
狗也能參加晨會?
寺廟裡
絕對
少不了
鴿子
咕嚕—
腳
麻了
晨會分天台宗與淨土宗兩種形式，
每天輪流舉行
我們家
是哪一個
宗派呀?
不知道
老爸

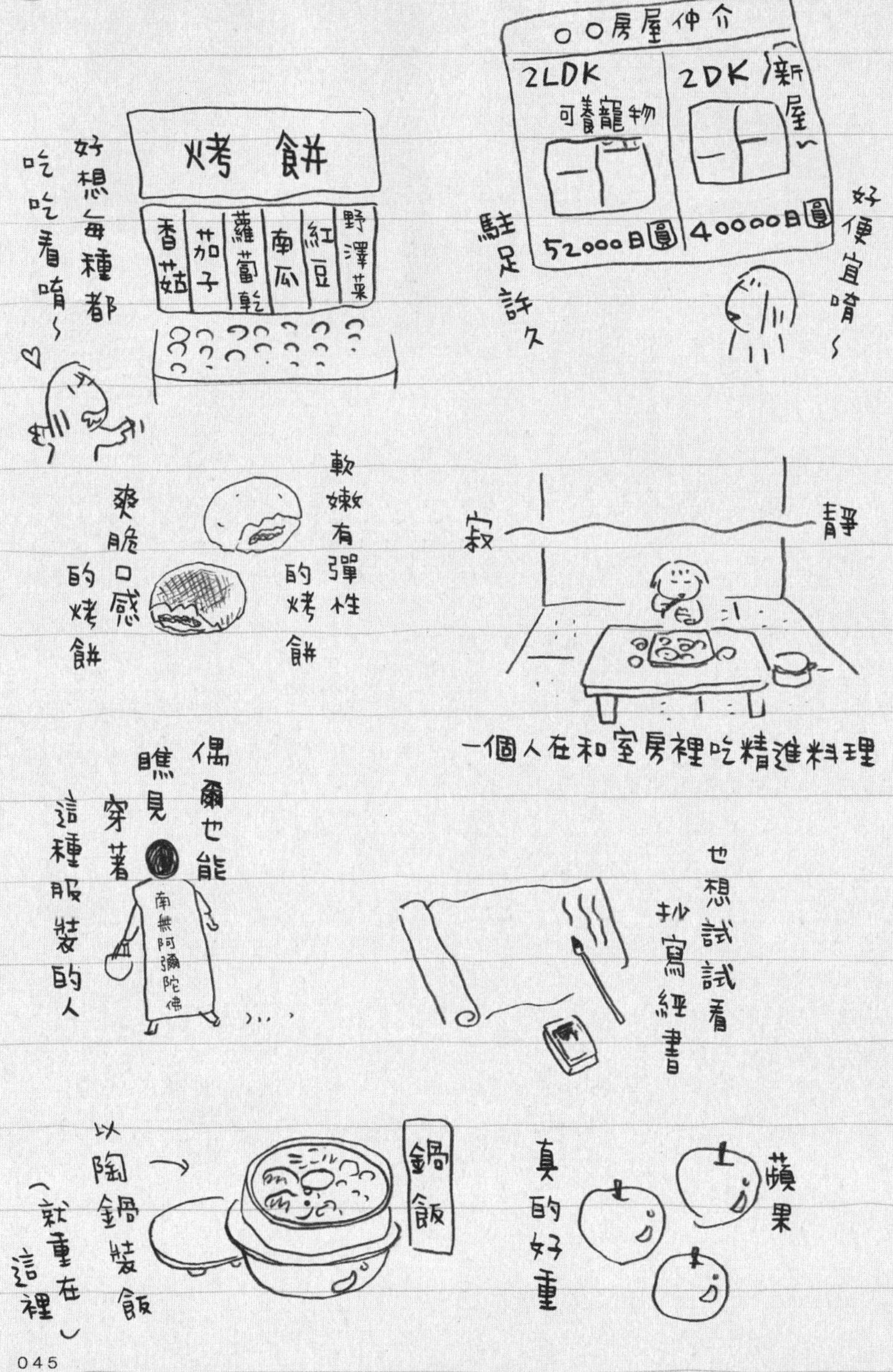
烤餅
香菇
茄子
蘿蔔乾
南瓜
紅豆
野澤菜
好想每種都吃吃看唷～
○○房屋仲介
2LDK
可養寵物
52000日圓
2DK
新屋～
40000日圓
好便宜唷～
駐足許久
爽脆口感的烤餅
軟嫩有彈性的烤餅
寂靜
一個人在和室房裡吃精進料理
偶爾也能瞧見穿著這種服裝的人
南無阿彌陀佛
……
也想試試看抄寫經書
以陶鍋裝飯
鍋飯
（就重在這裡）
蘋果真的好重

長野善光寺集錦

對於在寺廟掛單住宿嚮往已久，但印象中好像很嚴格，所以去之前心裡有點緊張。幸好實際上還滿輕鬆愉快的，總算是鬆了一口氣。

晨會自己一個人去也行，但有人引導總是安心多了，而且還能聽到各種解說。參加晨會的大多是些上年紀的人，但也有人會帶著小孩子來參加。

這次帶回家的土產真的很重，下次要記得抄好朋友家的地址，一旦買了比較重的土產，可以從產地直接宅配。

早起

南無阿彌陀佛
南無阿彌陀佛

很重…
但好吃極了…

➡DATA
善光寺掛單 兄部坊 ● 長野縣長野市元善町463 ☎TEL: 026-234-6677

雪花飄飄
自炊溫泉旅館

花卷溫泉篇

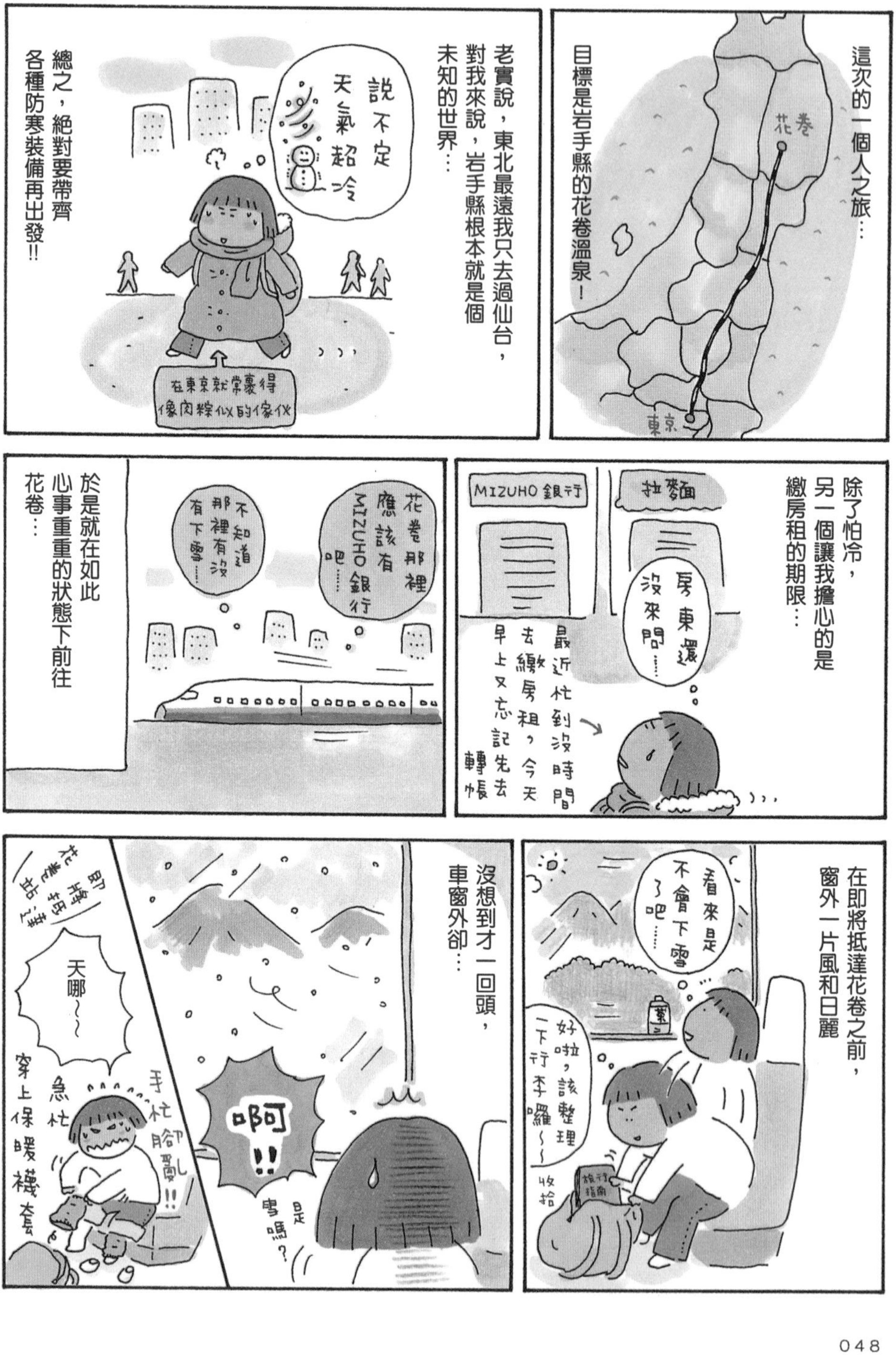
這次的一個人之旅…
目標是岩手縣的花卷溫泉！
花卷
東京
老實說，東北最遠我只去過仙台，對我來說，岩手縣根本就是個未知的世界…
說不定天氣超冷
總之，絕對要帶齊各種防寒裝備再出發!!
在東京就常裹得像肉粽似的傢伙
除了怕冷，另一個讓我擔心的是繳房租的期限…
MIZUHO銀行
拉麵
房東還沒來問……
最近忙到沒時間去繳房租，今天早上又忘記先去轉帳
於是就在如此心事重重的狀態下前往花卷…
花卷那裡應該有MIZUHO銀行吧……
不知道那裡有沒有下雪…
在即將抵達花卷之前，窗外一片風和日麗
看來是不會下雪了吧……
好啦，該整理一下行李囉～～
收拾
旅行指南
沒想到才一回頭，車窗外卻…
啊!!
是雪嗎？
即將抵達花卷站
天哪～～～
手忙腳亂!!
急忙穿上保暖襪套

就這樣抵達了花卷…
新花卷站
土產
咻…
……
好…好冷…
吸
第一站前往在花卷出生的童話作家宮澤賢治紀念館
就是那台公車～
小跑步
搭了五分鐘的公車就抵達紀念館前，下車後得再爬十分鐘的上坡路
嗚～我看就跟著前面那對情侶走好了…
一起下公車的情侶檔
宮澤賢治紀念館
公車站
好不容易終於抵達紀念館
全…全票…一張…
紀念館內收藏了各種關於宮澤賢治的物品
原稿
螃蟹兄弟笑呵呵呢
やまなし
童話卡通短片
照片
愛用的大提琴
宮澤賢治收集的礦石

◎譯注：やまなし爲宮澤賢治的短篇小說之一，主角是對在河底的螃蟹兄弟。

但我還是非常在意外頭的天氣…
咻……
喀嗒 喀嗒
感覺好像變成暴風雪呢…
不習慣雪地的我心裡漸漸害怕了起來，於是這一天早早就回飯店去了
咻……
呵呵呵……
趁等公車的空檔在館內的咖啡廳悠閒地喝杯奶茶
然後走回公車站
咻—
嗚~~
回程是下坡
咻—
公車站
嗚~公車快來呀~
全身發抖手都凍僵了~~
抖
因大雪班次有所延誤
ブーン
抖 抖
得…得救了…
終於平安到達花卷車站
花巻駅
※和新花卷車站不同
今天投宿的旅館是能自己下廚的溫泉旅社，所以我打算先在這附近買些食材帶去
西 望
東 張
啊…乁?
賣食材的地方在哪裡咧?

觀光諮詢站
童話村
歡迎光臨 Ihatov
請問— 這附近有沒有 賣食材的地方？
嗯～ 往前走十分鐘左右 是有個超市…
但這附近 只有便利商店唷～
要我在這大雪天走上十分鐘根本是不可能的任務，只好放棄買食材了
而且附近也 沒銀行…
看來是 無法繳 房租了……
算了，反正旅館販賣部 聽說也有賣食材…
免費接駁巴士
花卷南溫泉峽巴士
各位 久等了～
蹣跚
搭巴士到旅館車程 大約30分鐘
雪好像 越下越大耶～
等我回過神來…
昨天我去 我女兒家啦～
是啊
嗯～
您也是 這樣吧～
為什麼您 看起來 精神那麼好？
啊
發現車上的乘客們 大家差不多都打成一片了
開始 有點緊張 了起來
唉呀，東北腔 我完全不懂耶～
三重腔多少 還會講一些～

終於抵達今天下榻的旅館
大澤溫泉
耶~我的名字也被寫在上面耶~
真開心~♡
大沢温泉
就是這個啦
歡迎 秋田鄉親會 全體貴客
歡迎 青森 山田 全體貴客
歡迎 東京 高木 全體貴客
歡迎 岩手 前川 全體貴客
即便是一個人也寫上全體貴客
真棒~好懷舊的氣氛唷~~♡
卡卡啦啦
大沢温泉
歡迎光臨~
這是您的房間
請~
哇~房間也充滿庶民風情呢♡
暖爐桌
暖爐
好溫~暖唷♡
感~~動
這次住的房間一晚要2286日圓，若要使用其他用品，必須另外付費
租金（每日）
墊被……210日圓
棉被……210日圓
毛巾……210日圓
床罩……179日圓
床單……74日圓
枕頭……10日圓
浴衣……210日圓
丹前浴衣……263日圓
暖爐桌……315日圓
暖爐……630日圓
※用不到的話不租也行
（可以自己帶棉被來）
竟然有「枕頭10日圓」這一項，真可愛哪~♡
10日圓

接下來到販賣部採購今晚的食材
嗯……要做甚麼料理好呢……
這裡有各種食材，但肉類和魚類必須先預約才買得到。
熟食區可以買得到白飯與味噌湯。
84日圓
105日圓
味噌湯
優格
優格
納豆
納豆
培根
培根
MILK
咖哩
拉麵
橘子
麵包
結果我煮了健康的湯豆腐
買了這些東西
油豆腐
豆腐
青蔥
小麥啤酒
調味醋
金針菇
橘子
公用廚房可以讓大家在這裡做菜
鍋碗瓢盆都能隨意使用
好像實習廚房唷～
哇～我從來沒看過這種瓦斯爐耶～
投幣式瓦斯爐，10日圓可以使用7分鐘
於是我火速地煮了湯豆腐
天氣很冷
加上瓦斯只能用七分鐘
快點呀～
啦啦
咕咕

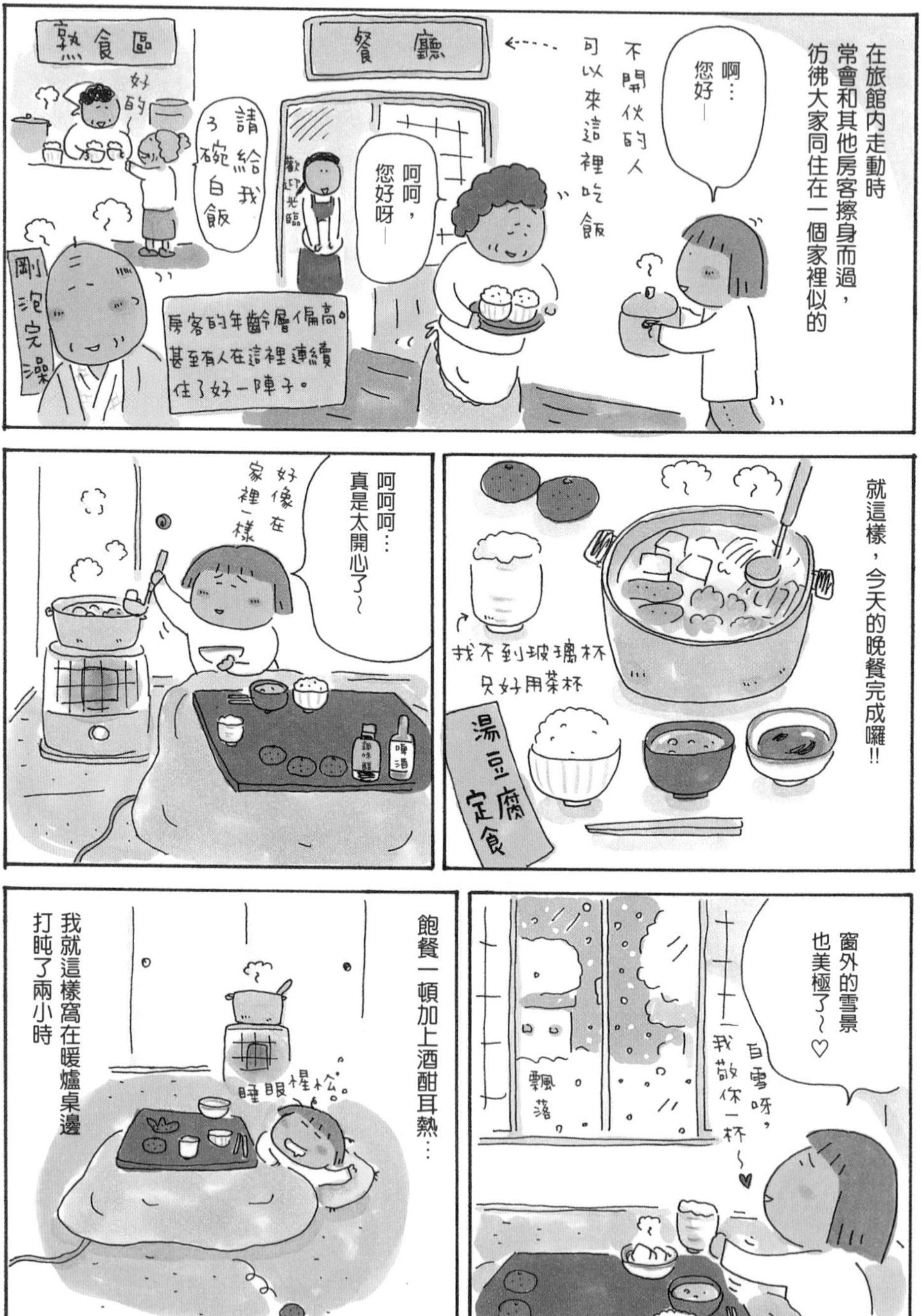
在旅館內走動時
常會和其他房客擦身而過，
彷彿大家同住在一個家裡似的
啊…
您好—
不開伙的人
可以來這裡吃飯
餐廳
呵呵，
您好呀—
歡迎光臨
請給我
3碗白飯
熟食區
好的
剛泡完澡
房客的年齡層偏高。
甚至有人在這裡連續
住了好一陣子。
就這樣，今天的晚餐完成囉!!
找不到玻璃杯
只好用茶杯
湯豆腐
定食
呵呵呵…
真是太開心了~
好像在
家裡一樣
調味醬
啤酒
窗外的雪景
也美極了~♡
白雪呀，
我敬你一杯~♡
飄落
飽餐一頓加上酒酣耳熱…
我就這樣窩在暖爐桌邊
打盹了兩小時
睡眼惺松。

白雪紛飛的夜晚，
溫泉旅館也顯得特別寂靜…
雪花
飄飄
就在這樣的氣氛下，
我開心的前往
憧憬已久的溫泉
溫泉
溫泉～♪
這個能讓旅客自炊的溫泉旅館，
附設有四座溫泉
豐澤之湯
岩石風呂
木造風呂
南部之湯
帶有懷舊風情的磁磚風呂
藥師之湯
露天風呂（混浴）
大澤之湯
這裡最有名的就數位於河岸邊的
露天風呂，可惜是混浴，
加上從馬路上能看得一清二楚，
我實在沒勇氣踏入風呂一步…
大澤之湯
都是一些歐吉桑
唉呀～
驚
於是我先嘗試了木造風呂
南部之湯
咻…
喔…
好冷唷…
已經有一個人先來了…
嚇
應…
應該不是昏倒
而是睡著了吧…？
不是男生吧……？
要不要
叫醒他呀??
不安
猶豫
慌張

瞧
啪沙
啪沙
啪沙
盯
咚
沙沙
故意發出吵鬧的聲響……
嘿
撲通~
甦醒……
唔……
呼……
起來了!!
入池
請問~現在幾點啦?
剛過八點—
唉呀，我睡太久囉
你打哪裡來的?
啊，從東京
喔，外頭雪下得不小吧?
對呀，我嚇了一跳呢—
阿姨好像是岩手縣人
你怎麼跑來這裡?已經泡過露天風呂了嗎?
還沒~我沒勇氣泡那個溫泉…
啊哈哈……
講個不停
好不容易來到這裡，真的不試試看嗎?
為什麼?
太可惜了~
如果我是你這個年紀，應該就有勇氣去泡了吧??
但人家現在還是個黃花閨女耶~

呼~這溫泉真棒~
加上路邊的積雪，
整個人神清氣爽了
起來呢~♡
呵，吃一口看看
對了，
試試看把臉埋進雪裡
是甚麼感覺…
埋
好冰唷~
嘻嘻…
腦袋裡光想些有的沒的，
結果在雪地裡摔跤了
唉呀!!~
滑
之後我又陸續泡了好幾個溫泉…
真舒服~
豐澤之湯
全身內外全都變暖呼呼的，
這一天就這樣順利的進入夢鄉…
呼哈~
隔天早上
啾啾
好!!
今天的早餐
也要自己煮~
耶~♡
…話雖如此，
但其實就只是把昨天剩下的
湯豆腐熱一下而已
唉
沒吃完
又是湯豆腐~
百元兌幣機
10日圓
呵呵呵…
之後有兩位阿姨進來廚房

咦—
這火好像點不起來耶
真糟糕!!
我已經投幣，
開始計時了耶—
10日圓可以使用7分鐘的投幣式瓦斯爐
喀擦 喀擦
盯～～～
該…
該不會是在
向我求救吧…
心跳
咕嚕 咕嚕
啊…
用這個點火器
應該就行了吧?
我點 我點
喀擦 喀擦
哇啊——!!
轟
啊～
點著了♡
謝謝你呀—
別客氣…
瓦斯……
外洩得太多了……
哇～
在煎
明太子耶～
呵呵……
滋～ 滋～
聞聞
好香唷～♡

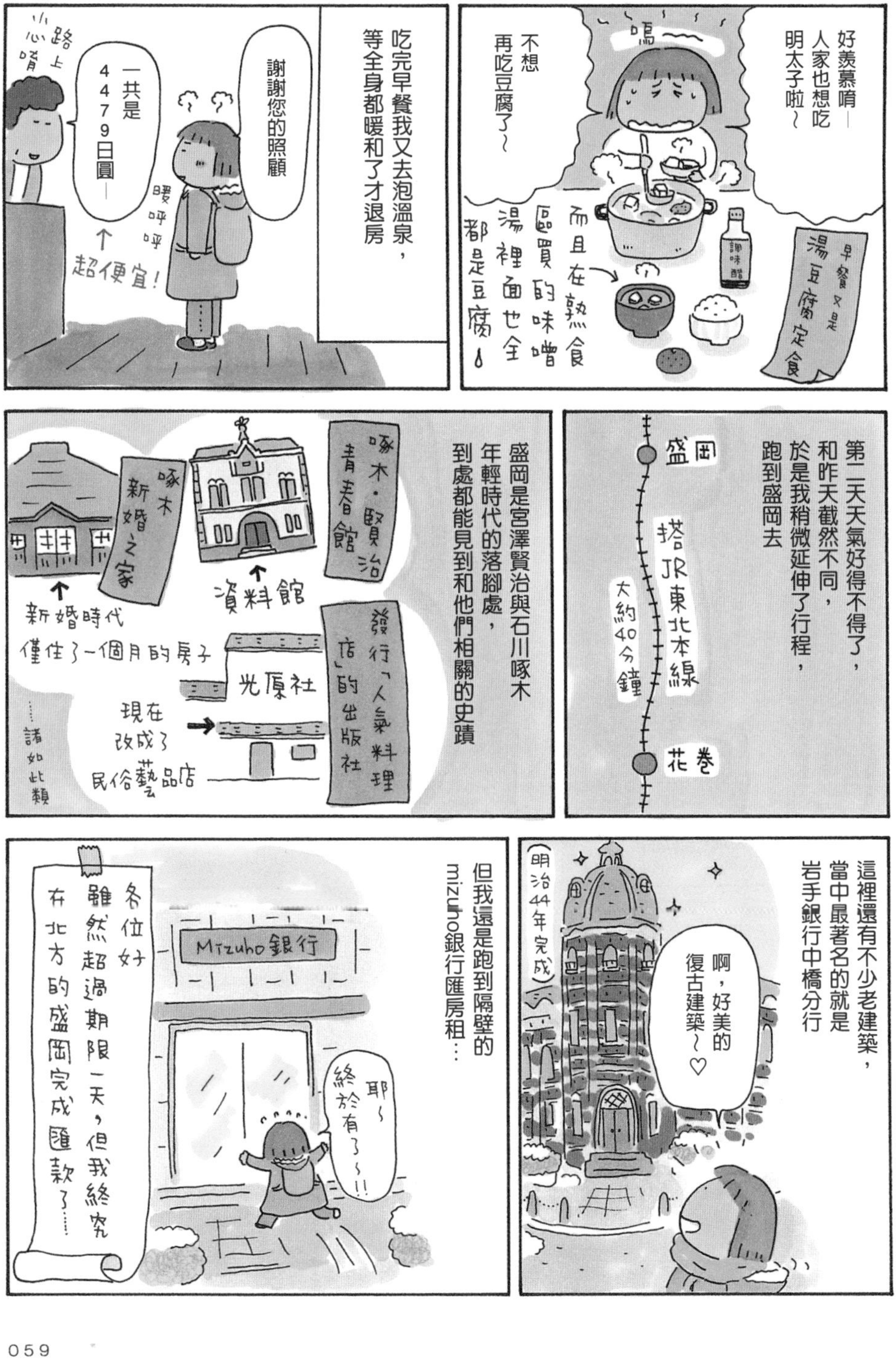
好羨慕唷—
人家也想吃明太子啦~
嗚——
不想再吃豆腐了~
早餐又是湯豆腐定食
調味醋
而且在熟食區買的味噌湯裡面也全都是豆腐
吃完早餐我又去泡溫泉，等全身都暖和了才退房
謝謝您的照顧
暖呼呼
一共是4479日圓—
超便宜!
一路上小心唷
第二天天氣好得不得了，和昨天截然不同，於是我稍微延伸了行程，跑到盛岡去
盛岡
搭JR東北本線
大約40分鐘
花巻
盛岡是宮澤賢治與石川啄木年輕時代的落腳處，到處都能見到和他們相關的史蹟
啄木‧賢治青春館
資料館
啄木新婚之家
新婚時代僅住了一個月的房子
發行「人氣料理店」的出版社
光原社
現在改成了民俗藝品店
……諸如此類
這裡還有不少老建築，當中最著名的就是岩手銀行中橋分行
明治44年完成
啊，好美的復古建築~♡
但我還是跑到隔壁的mizuho銀行匯房租…
Mizuho銀行
耶~
終於有了~!!
各位好
雖然超過期限一天，但我終究在北方的盛岡完成匯款了……

最重要的目標就是去吃盛岡名產「乾拌麵」
導覽書上說這家是「開山祖師」店
味之店 白龍
乾拌麵
白 龍
興奮不已
登～場
碎肉味噌
大量的黃瓜絲與青蔥
薑泥
麵條較寬的乾麵
※和中華料理的炸醬麵不太一樣
我不知道吃法，所以偷瞄了一下左鄰右舍……
瞄 瞄
轉 轉
倒
可依個人喜好添加醋、辣油或蒜泥
拌得很勻的樣子
哇～真好吃～♡
吸 吸
吃完後特地請店員加顆生雞蛋
請加個蛋
筷子一定要擺好唷
然後把碗遞出去……
店員就會給我一碗蛋花湯
「蛋花湯」
只要再加50日圓
吃完麵身體又再度熱了起來，走出店門時全身暖呼呼的……♡
味之店 白龍
謝謝光臨
呼，好熱呀……
呵呵～太好吃了～

之後我去了裡面
有隻長相古怪的狛犬的神社，
據說牠可是石川啄木的
最愛呢
路還滿遠的，
有點小迷路
有了…
在這裡…
呼～
啄木望鄉
之碑
天滿宮
就在這山上
費盡九牛二虎之力
才看到的狛犬…
呼～
喘～
呼～
長相果真古怪
略呈坐姿
非常討喜…
哇哈哈哈
太可愛了～♥
從這裡可以一覽盛岡街景…
啄木應該
也是像這樣
遠眺四方吧～
（有2隻）
這趟旅程就這樣畫下了
完美的句點

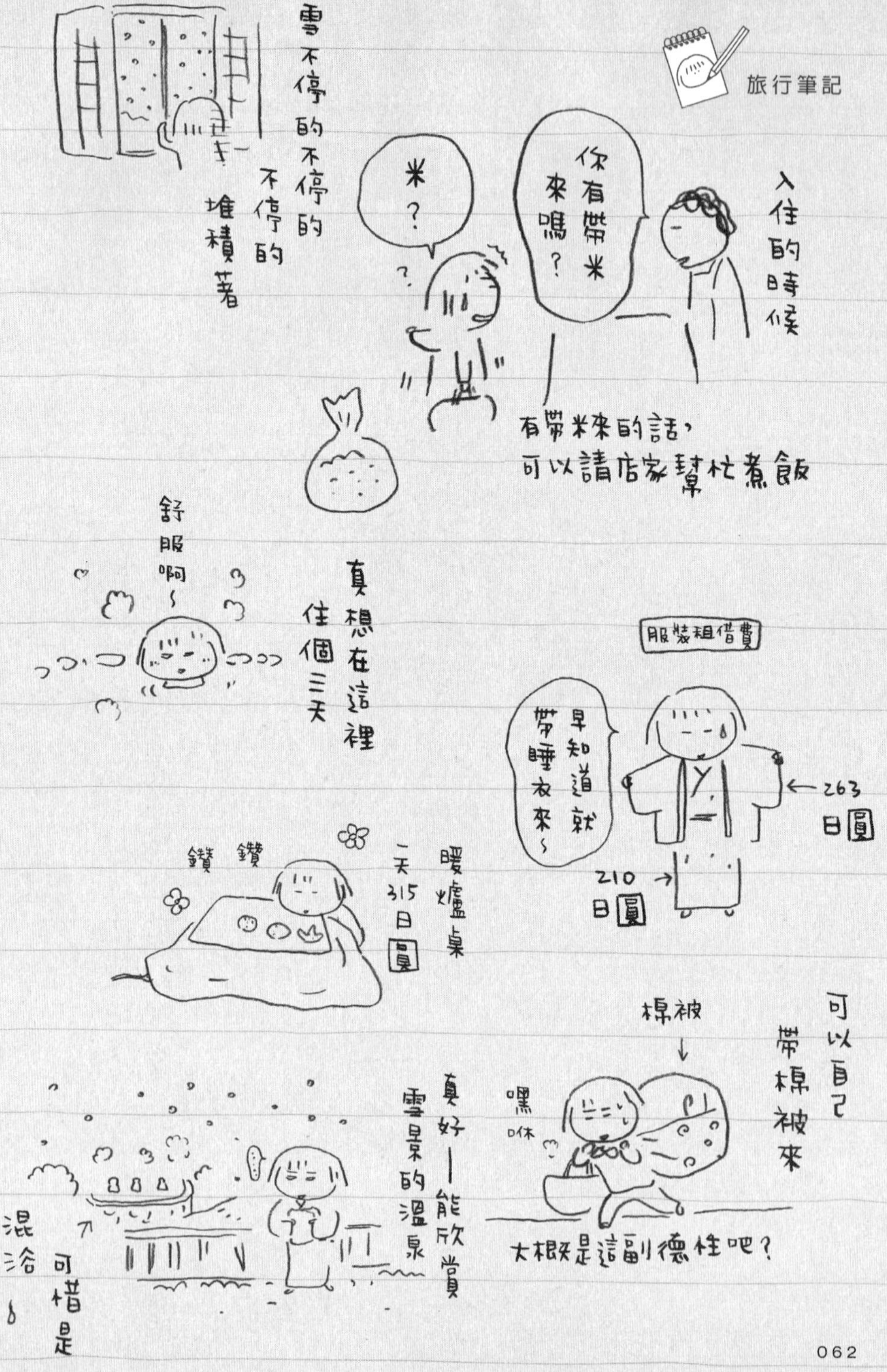
雪不停的不停的
不停的
堆積著
入住的時候
你有帶米來嗎？
米？
有帶米來的話，
可以請店家幫忙煮飯
真想在這裡
住個三天
舒服啊～
服裝租借費
早知道就帶睡衣來～
263日圓
210日圓
暖爐桌
一天315日圓
鑽 鑽
可以自己帶棉被來
棉被
嘿咻
大概是這副德性吧？
真好—能欣賞雪景的溫泉
可惜是混浴

非常怕冷
卻超愛雪
抖
抖
發明暖爐桌的人
實在太了不起了
繞行岩手車站的
巴士車資100日圓
蝸牛號
名字叫做～
在岩手的巴士上
啄木新婚之家
下一站是啄木新婚之家～
突然
覺得好害羞……
岩手的街道
充滿了
文學氣息
很有這種
氣氛
好想再來一碗
乾拌麵呀

花卷溫泉集錦

這是我第一次投宿溫泉旅館。這個旅館有著自成一套的行事方法，也許會讓人稍稍不知所措，但對我來說卻是相當新鮮，甚至覺得有趣極了。

說是投宿旅館，但我倒覺得更像是住在學校宿舍裡(廚房像極了「料理實習室」)。罕見的雪景更讓我雀躍不已。

對於只要一到觀光地區，一定會像無頭蒼蠅般到處迷路的我，這個因為下雪無法到處走動、進了旅館就只能泡溫泉的環境，似乎反而恰到好處呢…?是個會讓人流連忘返、想一去再去的地方。

感覺就像在自己家裡

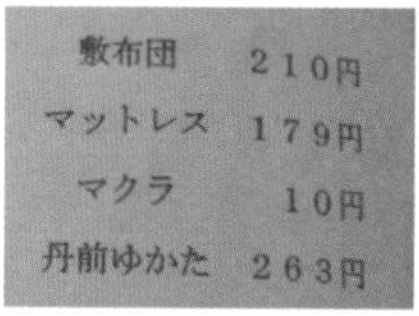

不禁令人懷疑這是古早以前的價錢—

加熱時非常方便

➡DATA

宮澤賢治紀念館 ● 岩手縣花卷市矢澤1-1-36 ☎0198-31-2319

花卷南溫泉峽 大澤溫泉 ● 岩手縣花卷市湯口字大澤181 ☎0198-25-2315 （自炊）http://www.oosawaonsen.com/

白龍 ● 岩手縣盛岡市内丸5-15 ☎019-624-2247

日本最長！
夜行巴士GO

博多篇

這一次我終於要走出本州，自己一個人從本州前往博多旅行！
東京
博多
交通工具則選擇行駛距離為全日本最長的夜行快速巴士「博多號」
新宿（21:00發車）
博多（翌日11:20抵達）
HAKATA
乘車時間大約十四小時二十分
行駛距離大約1150公里
單程車資一萬五千日圓
（來回兩萬七千日圓）
據說又稱為深夜巴士之王唷
嘿嘿嘿……
但是就我過去的經驗，每次搭夜行巴士幾乎都沒辦法好好睡覺……
噗噗噗……
嗚……睡不著……
雙眼圓睜
好痛苦啊……
○○巴士
所以這次我強迫自己先熬夜，故意讓自己睡眠不足，做好萬全的事前準備
這次絕對要睡著!!
已經24小時沒睡的傢伙
福岡
搭巴士的人比我想像中還多，幾乎要客滿了
緩步前行
單人旅客也滿多的
打瞌睡～
我的座位在第一排，就這樣準備出發了！
獨立的三排座椅
唯一的空位
……
前面就是駕駛座
咳
咳
呼
你還好吧？
感冒了
（司機有兩位）

在十一點關燈之前，
車上一直播著影片
↑成龍的電影
啊…
開始想睡了…
呼哈～
很好
太好了……♥
但沒多久，
巴士停了下來不再繼續前進
咦……奇怪？
HAKATA
高速公路塞車……
好像前方發生了甚麼事故
這裡是博多號…
是的…
追撞事件…
咦？
卡車正在燃燒…!?
啥!?
甚麼!?
火燒車嗎？
咳……
↑語調虛弱
後方遭到追撞
繼而起火燃燒～
真恐怖～
咳……
看來暫時是
動彈
不得了—
好害怕……
天哪～
對話聽得一清二楚
經過了一個半小時，
巴士才又開始往前進…
噗噗噗……
呼
巴士前行了一會兒，
車窗映入了那台燒得焦黑的卡車…
咻～
唉唷
啊呵～
哇啊～
唉唷
哇—
喔—
車內頓時一片譁然

當我到公共區洗臉準備休息時，剛好也到了熄燈時間…
各位旅客晚安
祝大家今晚有個好夢…
熄燈之後，走道上也拉起了布簾，感覺好像變成了一個個小房間
拉～
司機來幫我拉布簾
拉～
呵…好像小時候唷…♡
母
真的要睡時，偏偏又睡不著了…
唔……
這枕頭高度不對－
腳沒辦法伸直，好痛苦喔～
我試了各種睡姿，卻沒半個奏效
V字形
橫睡
蹲坐
反睡
不行～完全睡不著啦～
抓頭
縮成一團
咕呼～
某個人的打呼聲
好羨慕那些睡著的人喔～
嗚嗚…
快給我睡著～～!!
快睡呀～!!

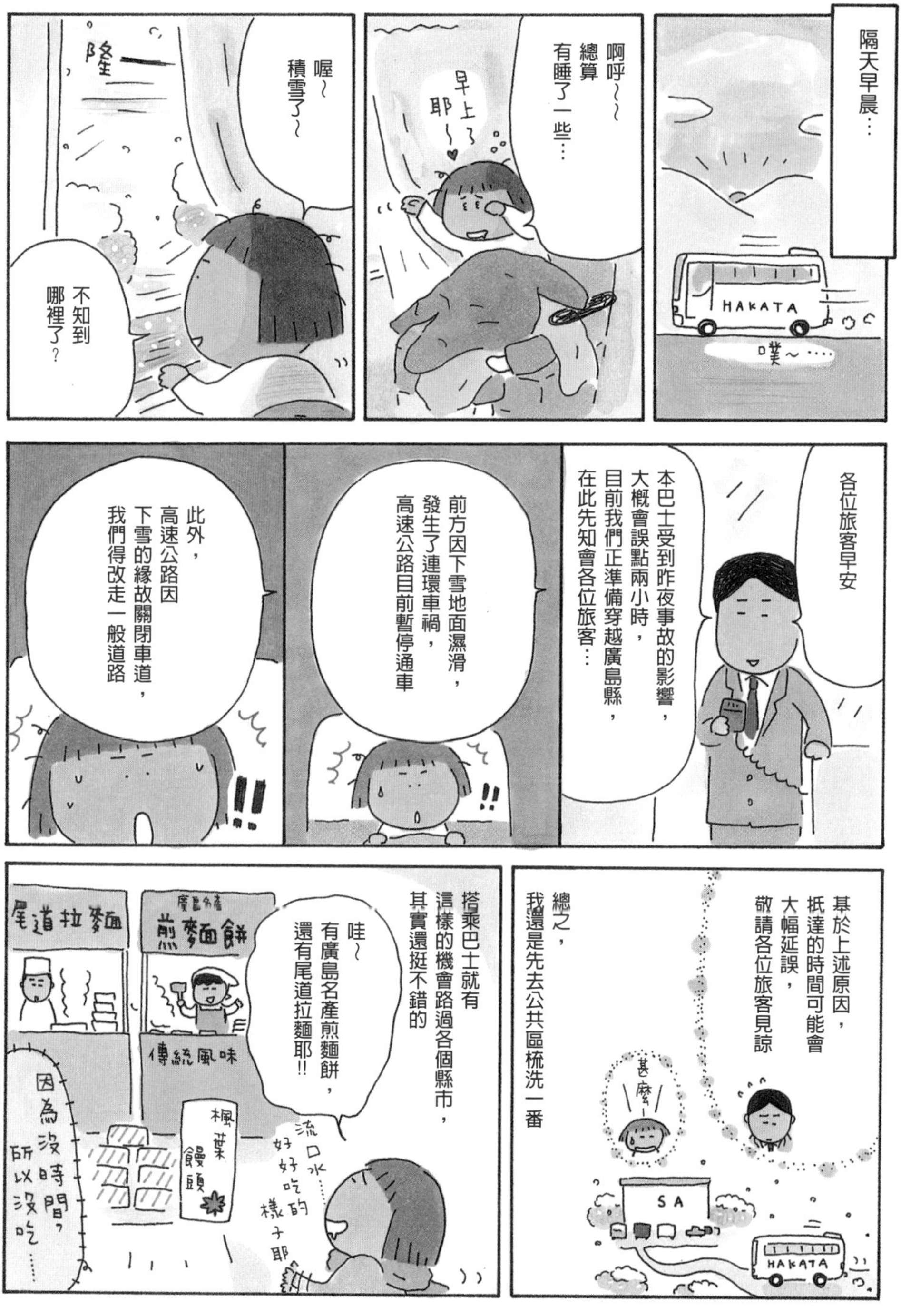
隔天早晨…
HAKATA
噗～…
啊呼～～總算有睡了一些…
早上了耶～
喔～積雪了～
隆
不知到哪裡了？
各位旅客早安
本巴士受到昨夜事故的影響，大概會誤點兩小時，目前我們正準備穿越廣島縣，在此先知會各位旅客…
前方因下雪地面濕滑，發生了連環車禍，高速公路目前暫停通車
此外，高速公路因下雪的緣故關閉車道，我們得改走一般道路
基於上述原因，抵達的時間可能會大幅延誤，敬請各位旅客見諒
總之，我還是先去公共區梳洗一番
甚麼
SA
HAKATA
搭乘巴士就有這樣的機會路過各個縣市，其實還挺不錯的
哇～有廣島名產煎麵餅，還有尾道拉麵耶!!
尾道拉麵
廣島名產
煎麵餅
傳統風味
楓葉饅頭
流口水……
好好吃的樣子耶
因為沒時間，所以沒吃……

巴士上有提供簡單的早餐
葡萄乾麵包
綠茶
優酪乳
這是另外在公共區買的
因為是一般的道路，車流量多，巴士僅能以龜速前行…
緩步
向前
好慢～哪…
車上繼續播放著影片
織田裕二的……
嚼
嚼
一些預定行程整個打亂的旅客，紛紛騷動了起來
請問～我已經預約了從博多轉車往長崎的巴士，現在該怎麼辦…
對不起，我是〇〇—
我可能得晚一點才能抵達…真的很抱歉…
唉呀～
真糟糕哪……
我也預定了往鹿兒島的巴士…
抱歉～～你們先出發吧～？
嗯…我算不上有甚麼預定行程啦…
不過本來是打算中午吃博多拉麵的～
但我想最慘的應該是司機先生吧～
以奇怪的姿勢睡覺
辛苦你們了……
偷瞄
咳
咳
唉～
車子根本沒在動啊～

到了中午，巴士依然停留在山口縣一帶……
龜行
緩步
HAKATA
萬里晴空
嗚…肚子好餓唷~
介紹拉麵
九州
旅遊指南
……正餓得發慌時車上發了罐頭麵包
罐頭麵包
正宗·緊急糧食!!
大家在車上猛啃罐頭麵包的情景，還挺詭異的……
（大家毫不思索的就吃了起來）
嚼
好久沒吃這種罐頭麵包了……
結果，抵達博多已經是下午四點了
福岡（天神）車站
辛苦各位了~
媽呀……
搭了十九個小時耶~
這次是恰好遇到下雪與交通事故才會誤點，平常巴士的運行幾乎都很順暢
進了今天投宿的旅館，再出來的時候，外頭已經是夕陽西下了
HOTEL
哇~不快點四處走走逛逛的話，今天就要結束了~!!
急急忙忙……
第一個想去的地方就是「元祖長濱屋」拉麵店
元祖長濱屋
拉麵
元祖長濱屋拉麵
就是這家!!
地圖
創始於1951年的長濱拉麵本店

這家店只賣拉麵，所以點餐時不說「來碗拉麵」，而要說「硬麵條一碗」喔
ㄜ…硬麵條…
以前住福岡的朋友教我的
按照人家教的方法
熱茶
喔，熱茶是自助式的…
茶杯
ㄜ…這茶壺好重!!
唔～～
這是橄欖球賽才會用的size吧…
給我起來!
啪!
一陣手忙腳亂當中拉麵送來了
請慢用
咚
這麼快!
可隨個人喜好添加紅薑絲或芝麻
元祖長浜屋
哇～
拉麵 400日圓
卡啦
硬麵條～～
呼～
店裡不斷出現獨特的點餐用語，客人的流動速度也很快，感覺上非常忙碌
卡啦
硬麵?
硬麵～
麵條不要太熟，蔥多一點
我要加肉～
幾乎都是中年男子
吸
我在裡面也沒待多久
吃得好趕唷……
ㄜ……算得上是好吃吧?
大概只花了5分鐘

吃完了長濱拉麵後，接著在福岡街頭上閒逛
骨董家具
Select Shop
拉麵
HOTEL
煎餃
日式雜貨
Cafe de HAKATA
嘩
嘩
嘩
很有都會感呢～
東張
西望
但氣氛跟東京稍稍不同……
我進了一家二手衣店…
USED Men's Lady's
呵呵
最愛二手衣
歡迎光臨～
您常來這附近買東西嗎？
啊
其…其實…我是第一次來福岡—
而且今天才是剛到……
這樣嗎？您打哪裡來的？
這時候，突然有點不好意思回答「從東京來的」…
才剛搭過長途巴士的關係
一頭亂髮
從…從三重縣來的
沒化妝
睡眠不足出現黑眼圈
衣衫不整
對…對不起啊，三重縣的鄉親父老！
脫口說出了自己的出生地
三重縣!! 啊，我晚上也經常收看東海電視台的節目喔—
嘰哩呱啦
就是那個叫「信長」的節目啊！
信長？
啊…啊？
實在太有趣了—那個以名古屋城為終點展開的照片馬拉松單元—
還有讓搞笑藝人爬山的那一集—
哈哈哈
哈啊哈
怎…怎麼辦…
我沒看過這個節目…
USED Men's Lady's
謝謝您的光臨～
趁話題還沒聊開之前快閃吧～～
就因為扯了一個無聊的謊，第一次和福岡人的對話就這樣草草結束了

之後先回飯店…
HOTEL
莫名其妙買了兩個迷你花盆
在床上稍微躺了一下…
呼— 好累喔…
沙……
沒想到竟然睡著，浪費了寶貴的時間…
天哪~~ 已經晚上11點了~~!?
驚醒
怔~
晚餐怎麼辦哪…
先出去再說吧……
嗚~
出了旅館，沿著大馬路旁有一整排的路邊攤
鼎沸人聲
哇哈哈
黑輪
拉麵・煎餃 黑輪
天婦羅
啤酒
天婦羅
拉麵
烤大腸
燒烤
超美味拉麵
拉麵
黑輪
哇~ 路邊攤耶~♡
對於路邊攤，這次我也事先做了功課…
從雜誌上剪下來的
天神的路邊攤 特別推薦
非去不可的十家店
最強的黑輪
超美味煎餃
不可錯過的博多拉麵
……
但實際站在現場，我一個單身女子
哇哈哈
乾杯~
耶耶
燒烤 天婦羅
燒烤
拉麵
黑輪
怕怕~
心跳
害怕
緊張
實在沒勇氣踏進這些攤位

啤酒
炒麵
黑輪
燒烤
啊哈哈哈
喝吧
燒烤
傳統燒烤
嗯……
裹足不前
猶豫不決
大家都是一群人一起來，好熱鬧喔，我根本就進不去啊—
咻～
嗚…
好冷喔……
有沒有哪家店裡還有空位，讓我也能進去啊？
哇哈哈
乾杯
走著走著，發現有一家店客人好像不多的樣子
拉麵
大腸
黑輪
麵
喔，而且這篇報導裡也有介紹這家店耶!!
空蕩蕩
於是我立刻進到這家店去
好緊張
您好
裡面果真沒半個客人
歡迎光臨
請坐
空～
啊…只有我一個人!?
さ…我…我要啤酒～還有明太子煎蛋～還有…
烤大腸和～燉白蘿蔔…
興奮
緊張
菜單
馬上來
您的啤酒，請用—剛下班嗎？
不是，我是來福岡玩的，今天才剛到
從東京……
菜單
喔，就妳一個女生嗎？
沒想到妳一個人竟然有勇氣走進路邊攤，真不錯!!
您…您過獎了啦～
呵呵，被誇獎了耶…
咕嚕……
真開心……

哇—這個明太子蛋捲好好吃唷～♡
妳是搭新幹線來福岡的嗎？
還是搭飛機？
都不是…我是坐巴士來的
咦，巴士!?
從東京？
而且高速公路上因為有事故發生，巴士抵達時間還因此受到延誤，總共搭了19個小時才到呢—
呵呵……
甚麼，19個小時!?
啊，我有看到這個新聞報導～
咻咻
那妳明天要去哪裡玩呢？
嗯，我想在博多的街上閒晃一陣子，然後可能繞去太宰府吧
哦…如果妳要去太宰府，不如順道去九州國立博物館？
嗯，如果有去那邊的話，就順便看一下好了
不行不行，這怎麼可以呢!!
ㄟ!?
那個博物館非～常非常大！不是順便看一下就能看完的唷!!
我有去過！
是…是這樣嗎…？
既然買了門票，沒全部看完實在太浪費了!?
真的很浪費耶
嗯，的確有點可惜喔～
是……我知道了……
…就這樣獲取了不少的觀光情報後，結束了我的路邊攤大挑戰
大腸
黑輪
拉麵
啤酒
呼～吃得好飽唷…
之後也沒有其他客人進來～

於是隔天…
HOTEL
HOTEL
照著路邊攤老闆的建議，一大早我就前往太宰府
Let's 太宰府！
從西鐵福岡（天神）站搭車往太宰府 大概要30分鐘
太宰府
哇— 這電車的顏色好可愛喔♡
走出太宰府車站，前方是一條長長的參道，有不少學生來這裡遊覽，觀光氣氛非常濃厚
嘰嘰 喳喳
熱鬧 喧騰
門前祭
哇～
這裡最令人吃驚的，就是到處都在賣「梅枝餅」
梅枝餅
看來看去全是一個樣!!
梅ケ枝餅
梅枝餅
名產梅枝餅
梅枝餅
歡迎光臨～
太宰府名產梅枝餅
於是我選了其中一家買了梅枝餅…
我要買一個
謝謝惠顧
105日圓 一個
剛出爐的梅枝餅香噴噴的，非常好吃
包了紅豆餡
好吃～♥
接著去了奉祀學問之神菅原道真的太宰府天滿宮
閃閃發光——
（全日本天滿宮的總本宮）

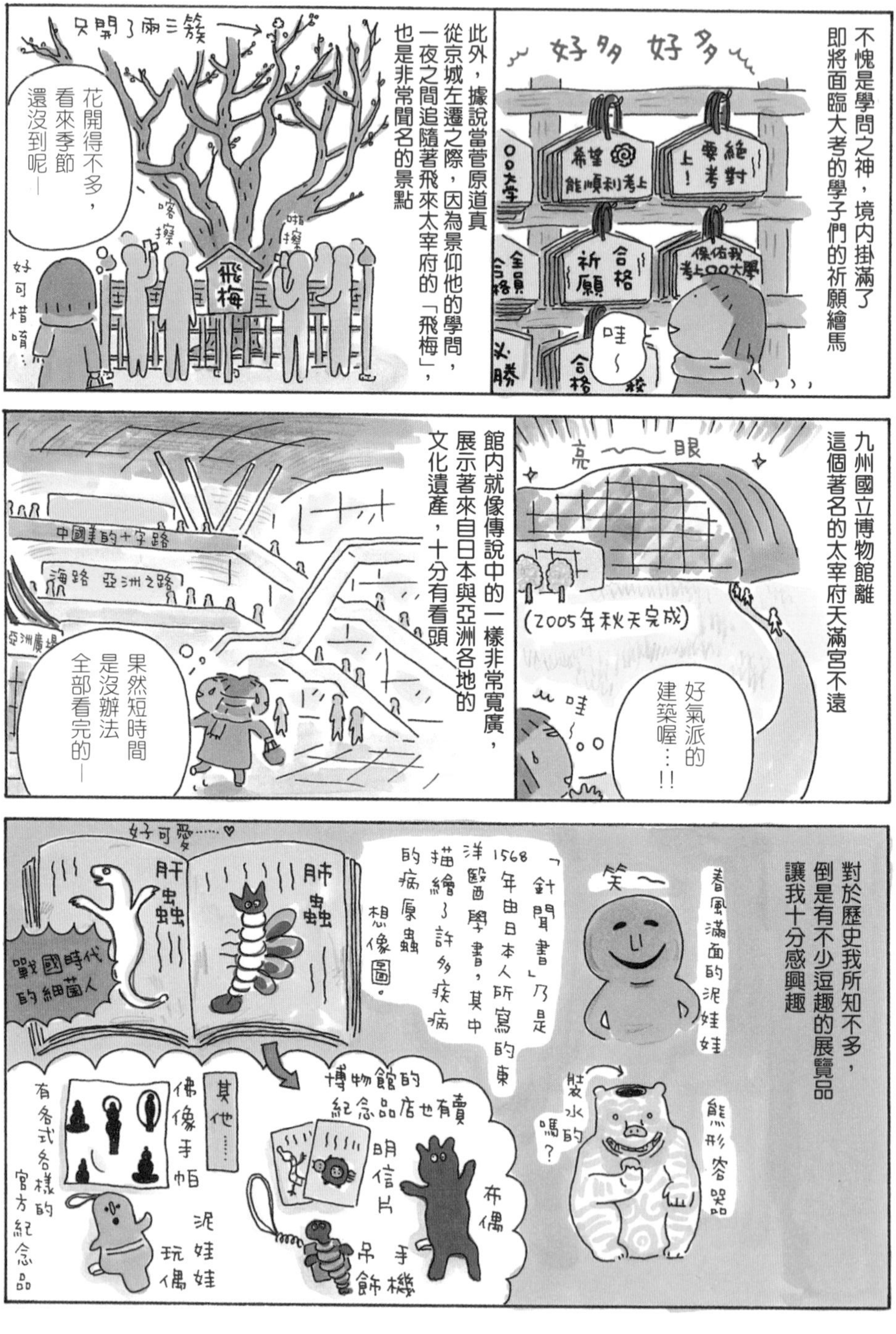
不愧是學問之神，境內掛滿了即將面臨大考的學子們的祈願繪馬
好多 好多
絕對要考上！
希望能順利考上
○○大學
合格祈願
保佑我考上○○大學
全員合格
哇～
必勝
合格
此外，據說當菅原道真從京城左遷之際，因為景仰他的學問，一夜之間追隨著飛來太宰府的「飛梅」，也是非常聞名的景點
只開了兩三簇
花開得不多，看來季節還沒到呢—
喀擦
喀擦
飛梅
好可惜唷…
九州國立博物館離這個著名的太宰府天滿宮不遠
亮～眼
(2005年秋天完成)
好氣派的建築喔…!!
哇～
館內就像傳說中的一樣非常寬廣，展示著來自日本與亞洲各地的文化遺產，十分有看頭
中國美的十字路
海路 亞洲之路
亞洲廣場
果然短時間是沒辦法全部看完的—
對於歷史我所知不多，倒是有不少逗趣的展覽品讓我十分感興趣
笑～
春風滿面的泥娃娃
熊形容器
裝水的嗎？
「針聞書」乃是1568年由日本人所寫的東洋醫學書，其中描繪了許多疾病的病原蟲想像圖。
好可愛……♡
肝蟲
肺蟲
戰國時代的細菌人
博物館的紀念品店也有賣
明信片
布偶
手機吊飾
其他……
佛像手帖
泥娃娃玩偶
有各式各樣的官方紀念品

之後我回到博多，
到博多CANAL CITY商城逛了一圈
CANAL CITY
這裡有個「拉麵競技場」，
可以吃到來自全國各地的拉麵
拉麵競技場
RAUMEN STADIUM
好期待唷
拉麵競技場
總共有八家店
我點了兩家店的拉麵
博多拉麵 一幸舍
久留米拉麵 大砲
這兩碗都是大骨湯頭，但久留米的味道似乎更濃郁～
兩碗都很好吃耶～♥
兩天內吃了三碗拉麵，
真是太滿足啦
呼～
吃得好撐…
呼～
再也吃不下任何東西了……
可能是大骨湯頭裡富含膠原蛋白的
關係吧，覺得皮膚好像變得更光滑了耶…
可惜就是胖了點……？
啊呵呵……
買了博多名產明太子後，
這次的福岡之旅也算是圓滿落幕了
這趟旅程好像從頭到尾都在吃吃喝喝哩……

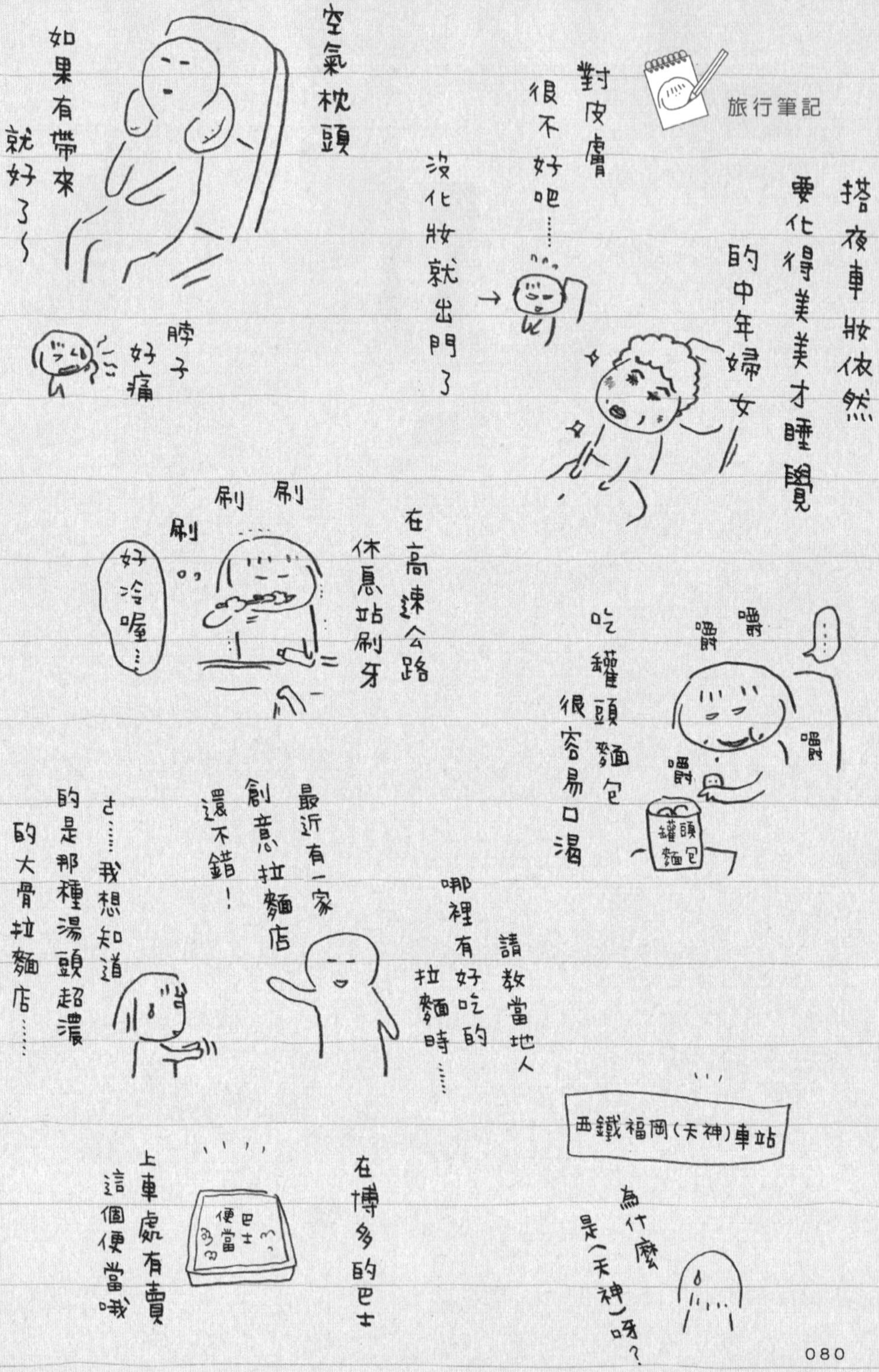
搭夜車妝依然
要化得美美才睡覺
的中年婦女
對皮膚
很不好吧……
沒化妝就出門了
空氣枕頭
如果有帶來
就好了~
脖子
好痛
在高速公路
休息站刷牙
刷 刷
刷
好冷喔……
吃罐頭麵包
很容易口渴
嚼
嚼
嚼
嚼
……
罐頭麵包
請教當地人
哪裡有好吃的
拉麵時……
最近有一家
創意拉麵店
還不錯!
ㄜ……我想知道
的是那種湯頭超濃
的大骨拉麵店……
西鐵福岡(天神)車站
為什麼
是(天神)呀?
在博多的巴士
上車處有賣
這個便當哦
巴士
便當

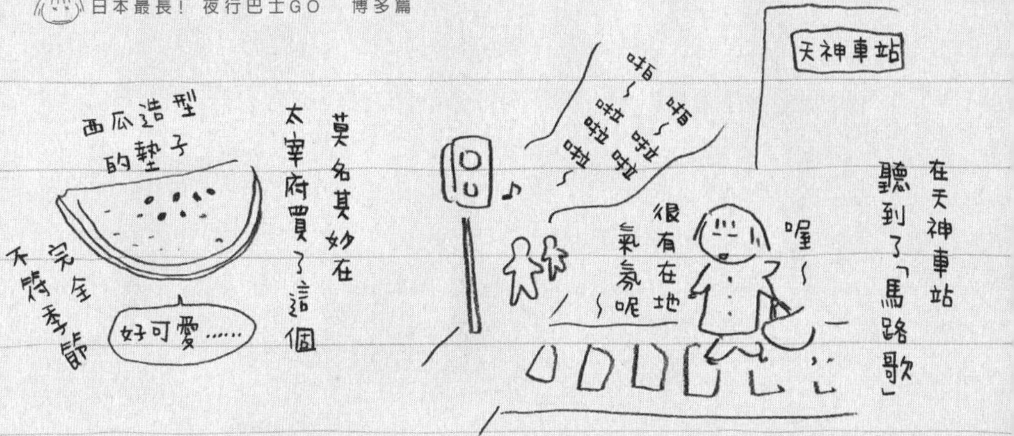
在天神車站聽到了「馬路歌」
天神車站
啪～啦啦啦～
啪～啦啦啦
很有在地氣氛呢～
喔～
莫名其妙在太宰府買了這個
西瓜造型的墊子
完全不符季節
好可愛……

◎譯注：綠燈亮時會響起的樂曲。

明太子店多到不知要選哪一家好
明太子
超人氣
名產
明太子
明太子
電視報導推薦!
元祖
明太子
歡迎光臨
請進
到底哪一家的好吃啊？
那條擺滿了路邊攤熱鬧非凡的大街，
白天經過時……
甚麼都沒有，彷彿昨晚只是做了一場夢
能夠遠眺由布岳的露天風呂
（可惜下著雨）
隔天我到湯布院（大分）住宿
博多→湯布院（巴士大約2小時）
巴士上播放的是鬼平犯科帳特別篇

博多集錦

晚上從新宿出發！

罐頭麵包。
真令人懷念的東西啊，
但其實我根本沒吃過…

我是那種上了巴士就沒辦法睡覺的人，所以搭夜行巴士對我來說根本就是一種煎熬。但是一聽到是「全日本行駛距離最長」，內心又忍不住蠢蠢欲動，很想搭一次看看。

搭車時間的確很長，而且非常累，但一路上遇到了各種事件，也看了不少人間悲喜劇，實在是相當難得的一次體驗。

印象中，福岡人很愛聊天，不論是明太子店裡的大叔，還是雜誌推薦的拉麵店的阿姨，他們所提供的各種資訊，都讓我受益匪淺。不過，當初要走進路邊攤時，真的很緊張耶…。

好不容易去到了九州，所以第二天我延伸了旅程，跑到大分縣的湯布院過夜。走在這個可愛的溫泉街上，腳步也不自覺地悠閒了起來呢。

➡DATA

夜行快速巴士 博多號　☎0120-489-939（九州快速巴士預約中心）、03-5376-2222（京王快速巴士預約中心）※全車指定席（劃位），要預約

元祖長濱屋 ● 福岡縣福岡市中央區長濱2-5-19　☎TEL: 092-781-0723

太宰府天滿宮 ● 福岡縣太宰府市宰府4-7-1　☎TEL: 092-922-8225 http://www.dazaifutenmangu.or.jp/

九州國立博物館 ● 福岡縣太宰府市石坂 4-7-2　☎0570-008-886 http://www.kyuhaku.jp/

RAUMEN STUDIUM ● 福岡市博多區住吉1-2 CANAL CITY 博多CINEMA BUILDING 5F　☎TEL: 092-282-2525 (CANAL CITY 博多資訊服務中心)

到南國潛水去!!

沖繩篇

這次的一個人旅行，目的地是南國樂園——沖繩!!
咻—
JAL
東京
沖繩
這次要一個人搭飛機，心情很緊張…
呼—終於順利平安上機了……
轟……
↑不太清楚搭機手續的傢伙
但真正令人緊張的是，這趟旅程的目的是為了取得潛水的C級執照！
幾乎不曾做過海上運動&對體力毫無自信
毫不考慮就報名參加了…但我真的辦得到嗎…
緊張
不安
就這樣忐忑不安的抵達了那霸
歡迎光臨沖繩
ORION
啤酒
呆~
接著再搭九十分鐘的公車來到位於恩納村的粉紅海洋俱樂部。
我預備在這裡接受四天三夜的潛水訓練課程
Pink marlin club
到~到了~
您好~我是高木…今天起要請您們多照顧了…
歡迎您~
緊張
興奮
這些給你
水中環境與潛水
NAUI
請您先在房間裡看這些錄影帶自習
一卷只有15分鐘，還好啦~
哇~有五卷唷…
喔—這些錄影帶好重唷…
我是……208號房……

房間是面海的迷你小套房
還有附迷你廚房耶～
哇～
獨立衛浴
雖然用不到
之後到附近隨便走走…
好漂亮的海呀～
順路到「南榮」這家店吃晚餐
南栄
海產物料理店
嗯～好吃好吃～♡
ORION啤酒太讚了～☆
嚼個不停
味噌炒貝定食 1420日圓
沖繩海藻也超好吃！
店員滿口的沖繩口音很難聽得懂
呵，好開心哪～♡
啊哈
marlin club
有點醉了
呼～想睡囉～…
呵呵
剛洗好澡
…糟了!! 我還得看錄影帶呀!!
嗯嗯
一～堆
結果，當晚才看沒多久錄影帶就不行了…
在海裡一定要注意的是……
咕
才看了五分鐘……

第二天早上…
晴空萬里
內心忐忑的展開練習課程
根本沒看完錄影帶……
(AM8:00)
這次的指導員是N先生
請多指教
一……一切拜託您了
這一天沒有其他學員，很幸運的變成一對一教學
但沒有同學倒是有點寂寞~
首先是教一些注意事項
妳有潛水的經驗嗎？
……沒有
浮潛呢？
……也沒有
嗯…各種可能遭遇的困難，錄影帶裡都交代得很清楚…
驚
對…對不起，我錄影帶只看了一點點…
年紀也不小了，感覺卻好像忘了寫功課的小孩子一樣……
喔…沒關係啦~
接下來是學習如何穿戴裝備，然後就要到淺水處實地練習了
呼吸管
面鏡
防寒衣
腰帶
可以調整浮力
手套
套鞋
氣瓶
BC
蛙鞋
一開始不背氣瓶，先練習浮潛
腳要在身體之後
哇~
滑
救生圈
還不太會用蛙鞋
但是我一直沒辦法讓身體保持平衡…

好不容易習慣了一些，馬上就要背氣瓶練習了
動彈不得～
好好重!!……
（包括腰帶總重量約20公斤）
穿成這副德行，光要走到海裡就快累死了…
嗚～
晃晃
搖搖
到海裡之後就會變得輕一些了
就快到囉～
即便如此，在水裡換氣實在不容易，我又再次陷入困境…
噗嚕
噗嚕
媽呀～
叫我呼吸速度放慢一點
接下來還進行了「面鏡進水時的處理方法」等等各種練習
※就在這裡面練習
風平浪靜
噗嚕
噗嚕
噗嚕
就這樣，上午的課程終於結束了
呼～累死了～
癱軟～
中午就在房間裡休息
早上的練習就這麼累人了，真懷疑自己下午還有力氣繼續嗎…
也許我根本就不適合潛水……？
下午我們搭船到深一點的地方做練習！
我
緊張不安

有兩個昨天上了和我一樣課程的女生也一起同行
兩位都來自關東，而且是一個人來參加
笑
笑
您們好—
哇～有同伴了～
請問…我才上完上午的課就快累垮了。你們兩位呢？
嗯～我也是覺得好累～昨天回房間後馬上就倒頭大睡了～
我昨天還累到連晚餐都沒吃呢～
哈哈哈！
從這些「原來大家都差不多呀～」的交換心得中，我才稍微找回了一點自信心
裝備也超重的～
對呀～
聊著聊著終於到達潛水預定地點。下水時，必須背向著海往後翻跳出去
示範
嘿
甚麼～啊
因為背著很重的氣筒，心裡非常害怕……
這方法叫後翻下水
接著再抓著繩子往深處潛降
為了避免水壓造成耳痛，途中必須做減壓動作
噗嚕噗嚕
不習慣的話身體很容易往上浮
一開始我只專注著如何在水裡呼吸，等到稍微有時間看看周遭時……
啊…魚耶…

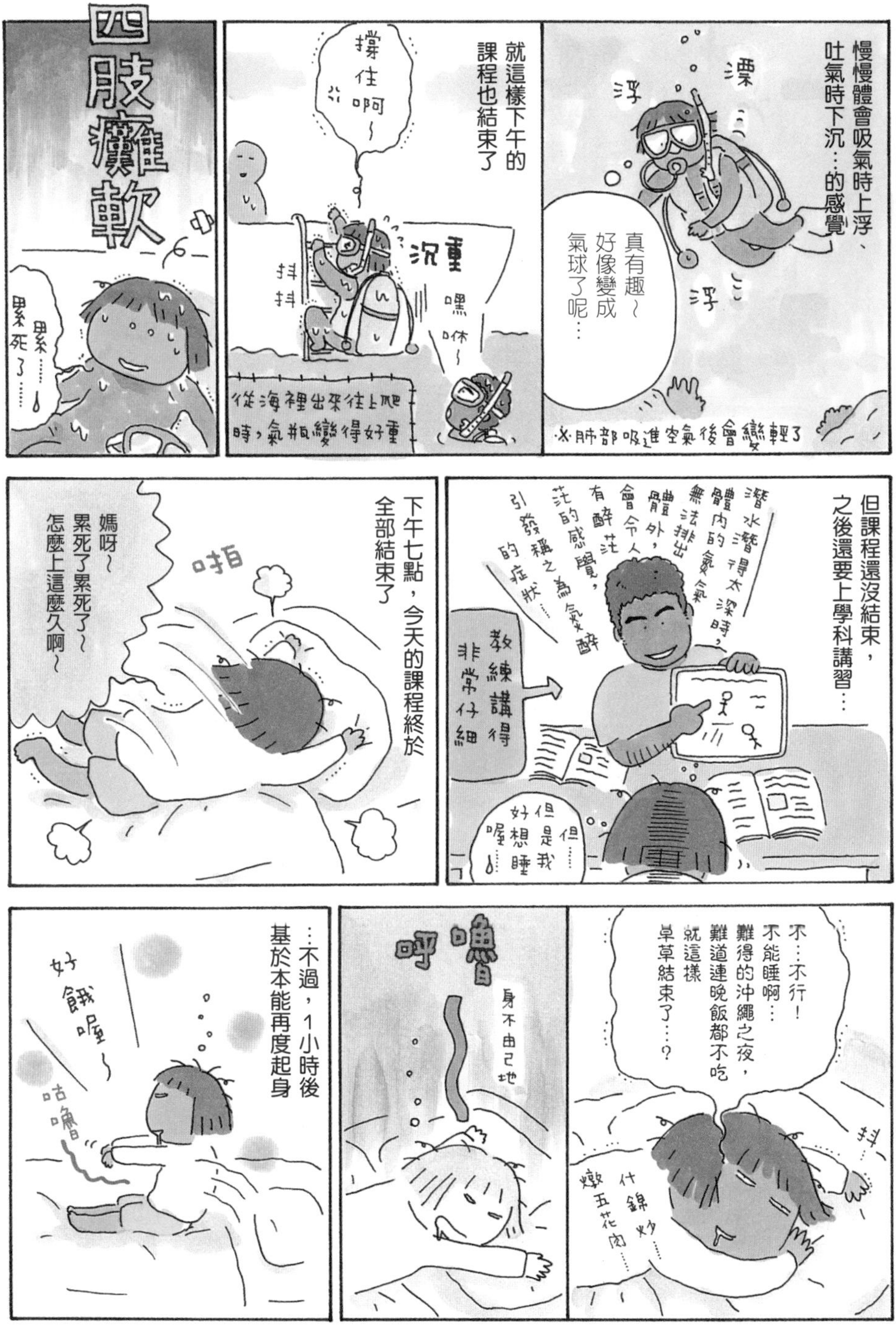
慢慢體會吸氣時上浮、吐氣時下沉…的感覺
漂
浮
浮
真有趣~好像變成氣球了呢…
※肺部吸進空氣後會變輕了
就這樣下午的課程也結束了
撐住啊~
沉重
嘿咻~
抖抖
從海裡出來往上爬時，氣瓶變得好重
四肢癱軟
累…累死了……
但課程還沒結束，之後還要上學科講習…
潛水潛得太深時，體內的氮氣無法排出體外，會令人有醉茫茫的感覺，引發稱之為氮醉的症狀……
教練講得非常仔細
但…但是我好想睡喔
下午七點，今天的課程終於全部結束了
啪
媽呀~累死了累死了~怎麼上這麼久啊~
不…不行！不能睡啊…難得的沖繩之夜，難道連晚飯都不吃就這樣草草結束了…？
抖…
什錦炒……
燉五花肉……
嚕
呼
身不由己地
…不過，1小時後基於本能再度起身
好餓喔~
咕嚕

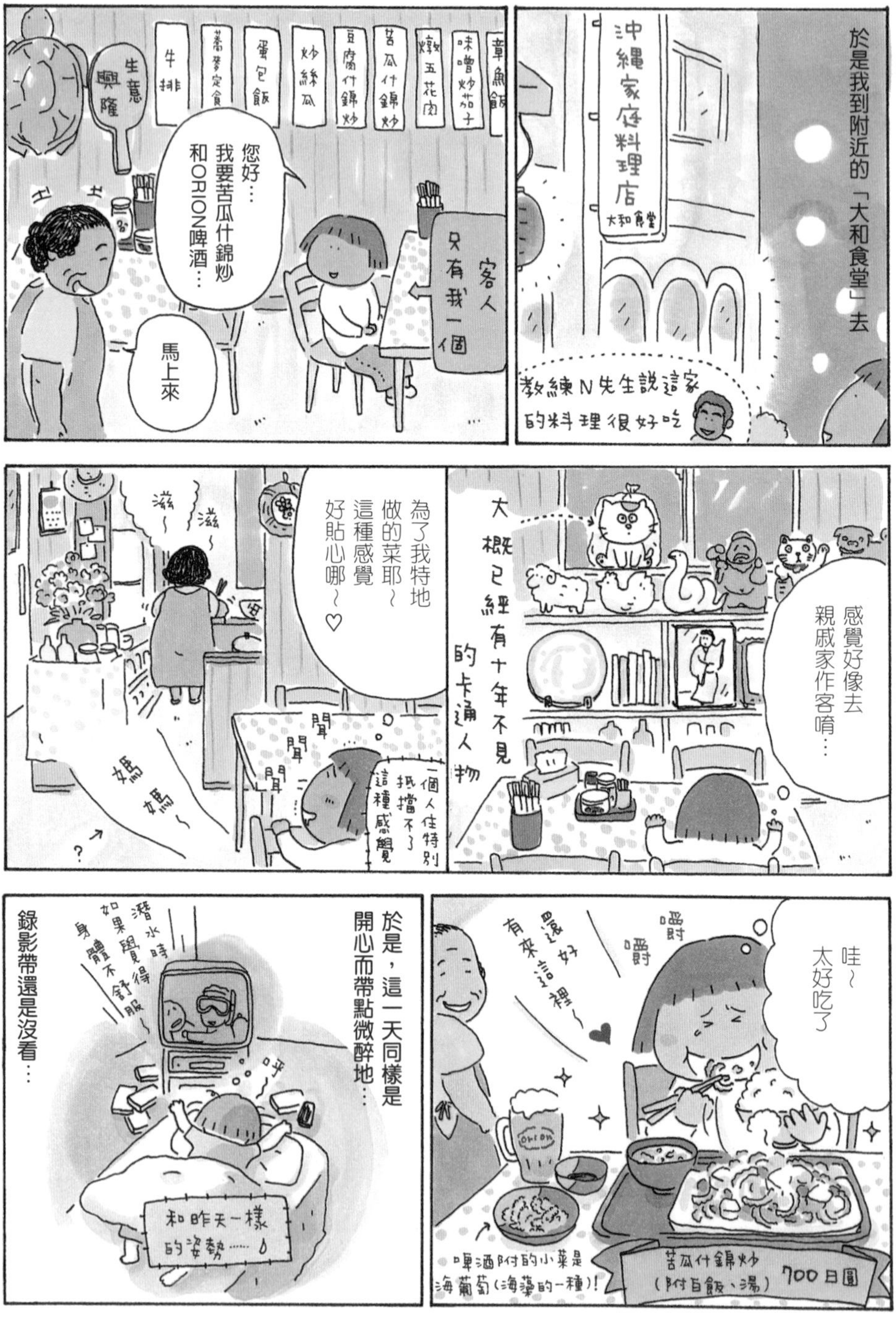

於是我到附近的「大和食堂」去
沖繩家庭料理店
大和食堂
教練N先生說這家的料理很好吃
章魚飯
味噌炒茄子
燉五花肉
苦瓜什錦炒
豆腐什錦炒
炒絲瓜
蛋包飯
蕎麥定食
牛排
生意興隆
客人只有我一個
您好…我要苦瓜什錦炒和ORION啤酒…
馬上來
大概已經有十年不見的卡通人物
感覺好像去親戚家作客唷…
為了我特地做的菜耶~這種感覺好貼心哪~♡
滋~
滋~
一個人住特別抵擋不了這種感覺
聞
聞
聞
聞
媽媽~
哇~太好吃了
嚼
嚼
還好有來這裡~
苦瓜什錦炒（附白飯、湯） 700日圓
啤酒附的小菜是海葡萄（海藻的一種）!
於是，這一天同樣是開心而帶點微醉地…
潛水時如果覺得身體不舒服
呼
和昨天一樣的姿勢……
錄影帶還是沒看…

潛水課程邁入第二天
肌肉已經開始痛了……
今天一大早就往深海去……
噗——嗯
馬上進入水中講習課程!!
緊張緊張
害怕
跳
今天又是與教練N先生的一對一教學
在水裡我還是會害怕
呼吸太快
以至於不斷拍動腳
慢一點
正當我納悶著N先生慎重地帶在身邊的是甚麼東西時
?
原來是個畫圖玩具「寫字板」!!
可以重複書寫再擦掉
寫字板
好……好懷念的東西啊!
看來教練是打算利用這個寫字板在海裡向我進行提示
身體呼吸的節奏
沒想到這東西竟然也能這樣用……
在這個「寫字板」的協助下，我做了不少的練習
當自己的氧氣耗盡時，如何從同伴處取得氧氣的練習
一個呼吸器兩人輪流使用
雖然是在海裡，但還是會有點害羞

還要假想目前身陷茂密的海草叢內，練習如何在水中脫去裝備
嘿咻
脫下一次
學習如何保持剛好的浮力，讓自己不要浮得太上面，也不要沉得太底下
哇～沉下去了！
又稱（中性浮力）
不可以掉到底面
拚了老命似地不斷練習，終於漸漸能掌握做各種動作的訣竅
往下往下……
游～
「下潛」的指令
於是我們往更深處游去……
感覺好像在空中飛行唷……
水深18m
咦!?
水深18m是C級執照所能下潛的最大深度
好厲害唷……沒想到水面竟然在那麼遠的地方……
閃閃發亮——
我簡直無法相信，自己現在竟然身處在海裡這麼深的地方……
就這樣結束了今天的第一次水中講習課程
從海裡出來時氣瓶就變得好重……
沉重

回陸地稍微休息一下之後，立刻進入第二次的水中講習課程
現在先來說明裝備
喔
哇 哇
今天開始要和參加潛水體驗課程的女子團體一起上課
好熱鬧唷～
哪個學校來的？
啊哈哈
好看嗎？
很滑稽耶～
好期待唷～
哇～
對了…不參加正式的潛水課程，也可以報名體驗課程
但一來就馬上要跳進海裡去…
啊哈哈
好，跳下來吧～
討厭～人家會害怕啦～
這些女孩們真的很勇敢耶
大部分人很快就能樂在其中了…
啊哈哈
現在要潛下去囉～
慢慢來沒關係～
但也有些人還是抓不到要領…
換成是我，不知道會是甚麼樣…
心虛
不容易抓到要領的傢伙
哈哈
我身邊也不乏朋友…
不行～我看我真的不適合潛水～
耳朵還會痛呢 算了～
參加過潛水體驗課程…
這些人如果能上正式的課程，多下水練習，習慣後一定會對潛水的印象大為改觀
接下來…是最後一次的水中講習課程囉…
加油喔！
是是…

最後的這個課程，是練習利用指南針獨自前往目的地再折返
目的地
緩緩前行
我的水中講習課程到此全部結束
OK，不錯
接下來，你可以自由的在海中探索囉！
太棒了~♪
講習課程結束，心情鬆了一口氣，也更能體會在海裡悠游的樂趣了
呵呵
上完囉 上完囉
啊，是小丑魚!!
海參!!
伸出腸子的海參
出一現
?
摸 摸
驚
出~現
有這種事~…
摸摸 牠的腸子，黏黏的唷
盯
海裡有各種奇怪的生物

此外…
魚群裡的魚數量多到不可思議…
啊
天哪~太感動了…!!
海裡真是美到不行啊…!!
閃亮
閃亮
閃亮
感~~動…
落淚
海中充滿了神秘感…
彷彿來到另一個世界…
簡直可以用童話世界來形容了…
好像變成一條魚了呢……呵呵
我的水中講習課程就這樣結束了
呼~好累…
不過沒昨天累就是了!
辛苦妳了
我才要謝謝教練的教導與照顧呢!!
真的很感謝您
啊哈哈
可是…

還有最後一關學科測驗…
今天還是要上課
氧瓶分鋁瓶與鋼瓶兩種，鋁瓶……
嗚…背不起來啦~
怎麼辦~
NAUI Scuba Diver
自習時間
接下…來要正式考試囉…
啥~
卡答
卡答
卡答
卡答
目前正測驗中
唔……
唉……
分數立刻就出來了
高木小姐…你知道幾分及格嗎…?
應…應該是76分吧…?
咦?
(滿分是100分)
高木小姐的分數是…
要公佈了~
緊張不安
激動慌張
76分
計算分數的時候我超緊張的呢……
76
甚麼~!!
靠這及格邊緣的分數
終於順利拿到C級執照了!!
恭喜妳~
從今天起你就是潛水員囉!
真的太感謝教練您了~
嗚嗚……
晚上我以沖繩名產海葡萄蓋飯為自己慶祝一番
店名同樣叫做元祖海葡萄
呵呵呵…乾杯~♡
orion
超好吃
¥1200

隔天…揮別了親切的潛水俱樂部教練
一路往那霸前進
公車
轟
到了首里城一看，整個混亂一片…
一堆來畢業旅行的學生
嘰哩
呱啦
哇
哇
哇
哇
啊哈哈
太誇張了
匆匆逛了一下古城後，我沿著金城町的石道散步
就在首里城附近
這裡因為沒受到戰火波及，琉球王朝的身影至今依然殘存於此
沿途盡是別致的風情，很棒的一條路呢……♥
好漂亮的九重葛啊～
陡坡大概有300m左右
路上有一家景觀非常棒的咖啡廳，我在這裡吃了午餐
呵呵…沖繩…太棒了…♡
清風
徐徐
Orion啤酒
章魚飯
之後又去了國際通採購名產…
牛排
沖繩屋
名產
南國食堂
呼……
我給自己買了石獅當禮物
好重……
最後在第一牧志公共市場的食堂裡再一次大啖沖繩料理…
把依依不捨的沖繩暫時拋在腦後
沖繩美食!
道頓堀
韭菜豬肝
苦瓜炒麵
什錦炒麵
又是…
好吃～
炸高砂魚 500日圓
燉五花肉 300日圓
沖繩炒麵(小) 350日圓

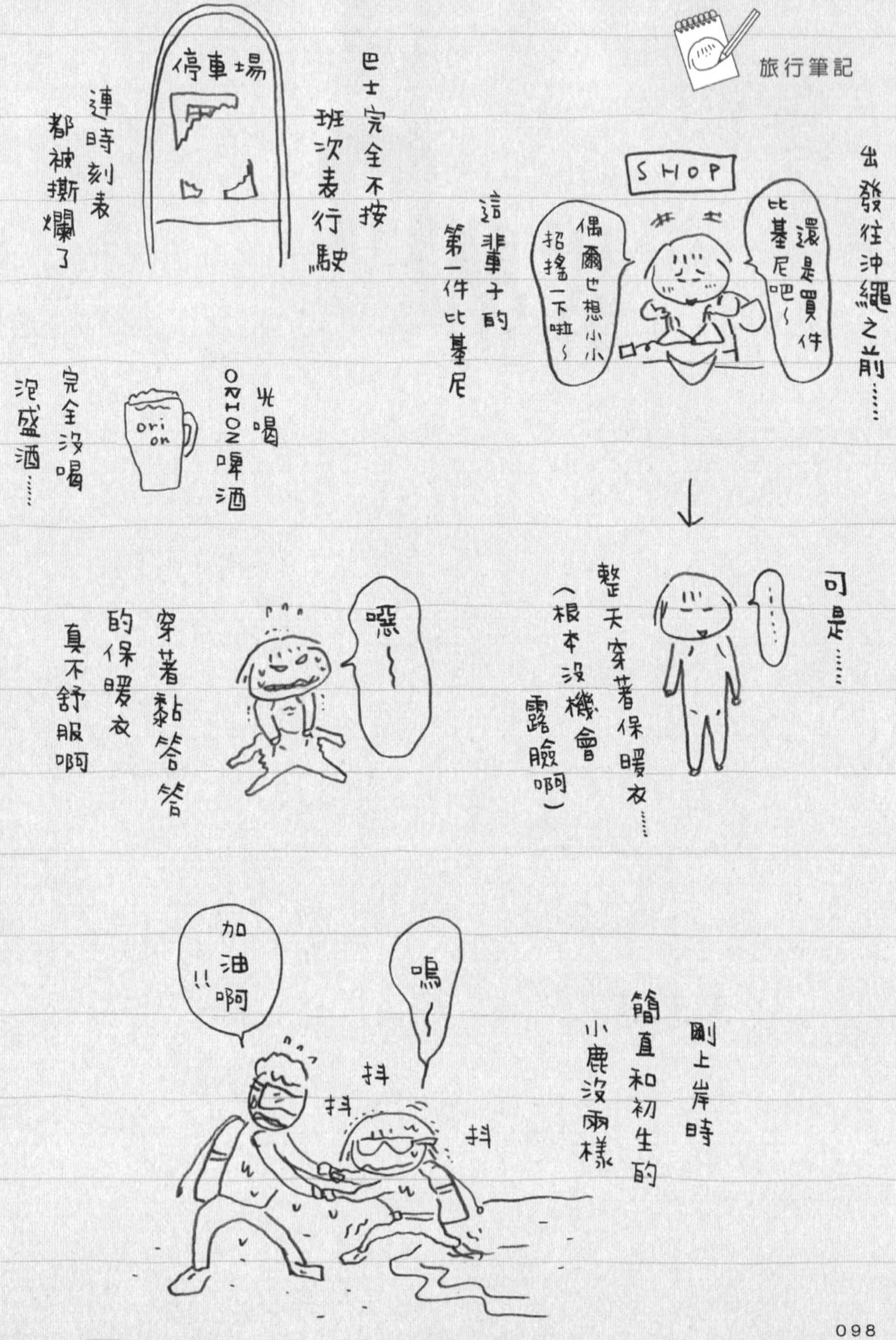
出發往沖繩之前……
還是買件比基尼吧～
偶爾也想小小招搖一下啦～
SHOP
這輩子的第一件比基尼
巴士完全不按班次表行駛
停車場
連時刻表都被撕爛了
光喝ORION啤酒
orion
完全沒喝泡盛酒……
可是……
……
整天穿著保暖衣……
(根本沒機會露臉啊)
嗯～
穿著黏答答的保暖衣真不舒服啊
剛上岸時
簡直和初生的小鹿沒兩樣
嗚～
抖
抖
抖
加油啊!!

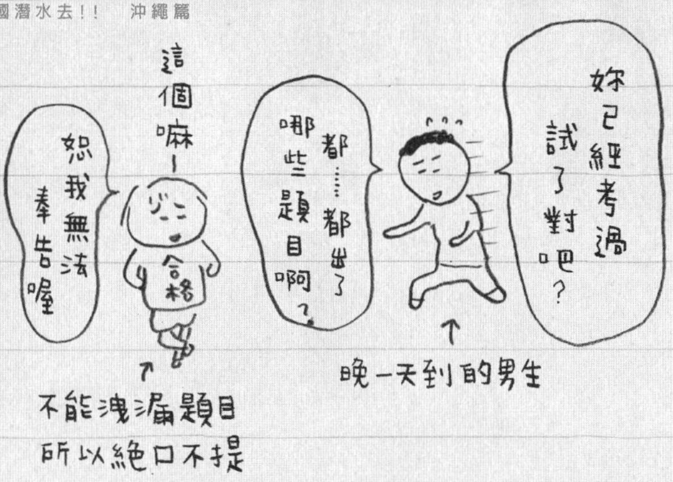
妳已經考過試了對吧?
晚一天到的男生
都……都出了哪些題目啊?
這個嘛~
恕我無法奉告喔
合格
不能洩漏題目
所以絕口不提

從沖繩回家後
甚麼~暖氣還開著~!
呼
出門前覺得有點冷所以開了暖氣
海葡萄
白白浪費了四天的電……
倒頭大睡
喀呼~

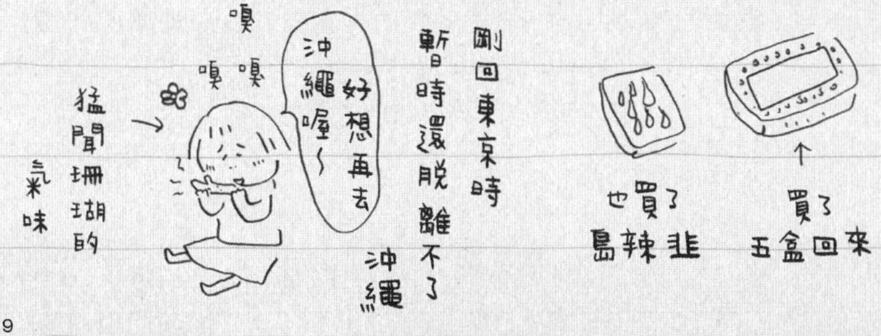
剛回東京時暫時還脫離不了沖繩
好想再去沖繩喔~
嗅嗅嗅
猛聞珊瑚的氣味
買了五盒回來
也買了島辣韭

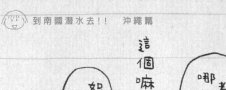

沖繩集錦

連海水浴場都鮮少涉足的我，壓根兒沒想過自己這輩子會去潛水，但這次的沖繩篇，我竟然就這樣直接挑戰了潛水運動。

由於平常很少做運動，上課第一天我就累到直想打退堂鼓，但對於吃沖繩料理，我可是卯足了勁唷。可能是有運動的關係吧，覺得沖繩料理特別好吃，我待在這裡的期間，每天的食慾都好極了。

單獨前來參加潛水課程的人出乎意料得多，加上課程緊湊，根本沒時間讓我自怨自艾「一個人好寂寞唷」之類的。

過程雖然辛苦，但事後回想，實在是一段相當愉快的歷程呢。

每一種都好想吃吃看唷…

C級執照正本。
太…太棒了（泣）

名產石獅。
放在玄關幫我守門

➡DATA

Pink Marlin Club ●沖繩縣國頭郡恩納村前兼久167 ☎TEL: 098-965-6060 http://www.cro-p.jp/

南榮 ●沖繩縣國頭郡恩納村仲泊1414-1 ☎TEL: 098-964-3824 大和食堂 ●沖繩縣國頭郡恩納村前兼久96 ☎TEL: 098-965-2736

元祖 海葡萄本店 ●沖繩縣國頭郡恩納村南恩納6091 ☎TEL: 098-966-2588 第一牧志公共市場 ●沖繩縣那霸市松尾2-10-1 ☎TEL: 098-867-6560

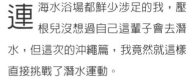

氣質高雅的舞妓氣氛

京都篇

這次的一個人旅行
要去日本的古都…
京都
東京
京都
之前的旅行
老是繞著吃喝打轉的我…
嚼
嚼
嚼
嚼
嗝……
所以這次的單人旅行，
我打算走熟女路線
轟隆
呵呵呵……
茶
服裝也偏向熟女風格……
由於這段期間
恰好是梅雨季節…
神哪，請務必要出太陽，不要下雨啊～
出發前
我每天都這樣向上天祈禱…
京都
刺眼
這太陽似乎太大了一點…
JR
京都駅
哇～
好熱喔～
超過30度!!
熱氣
首先搭巴士前往清水寺
清水寺
飯碗坡
下了巴士要稍微走一段路
這裡來了不少校外教學的學生，
非常熱鬧…
老師～
呵呵
哈哈
喂，
別亂跑！
嘰嘰
喳喳
哇
哈哈
不愧是
觀光勝地啊…
喝了就能得到庇佑
的音羽之泉同樣
大排長龍……

話說回來，我們校外教學的時候也是來這裡呢…
呵呵
哈哈
記得是小學六年級的時候…
啦啦啦…
作業
…算算也已經
20年了!?
驚
現在32歲
不會吧~有那麼久了唷~
天哪
時光飛逝
…清水舞台上，有個女人正深切感嘆時光流逝之快…
之後在產寧坂~二年坂一帶慢慢閒晃…
唔…很有氣氛呢…
竹久夢二
吃了蕨餅稍做休息
在「洛匠」這家店
哇~
好軟唷~
草蕨餅
650日圓
庭院裡有好大的錦鯉
午餐又吃了茶泡飯
雖然才剛吃過蕨餅
稀哩呼嚕~
賣京佃煮的「彌生」咖啡廳
茶泡飯套餐
1365日圓

老實說，今天的主要行程
應該是這個…
變身舞妓！
然後拍紀念照
離預約的時間還早，所以先繞到附近的建仁寺走走
雙龍圖…？
建仁寺
「雙龍圖」展示中
這個地方非常幽靜，感覺非常棒
嗯……好喜歡這裡唷……♥
中庭
煩惱全消
大家都非常的放～鬆
畫在大堂天花板上的「雙龍圖」魄力十足
不論從哪個角度看，都能感覺到龍好像正盯著你瞧……
哇～
喔～
到處東看西看，變身舞妓的時間也到了!!
讓妳變身成為舞妓
舞香
呵呵……
興奮緊張
首先是簡單的說明，然後幫我換上襯衣…
還有襪子
選好喜歡的和服款式
一整排～～～～
好多唷，
要選哪一件呢～
看您喜歡哪一件～

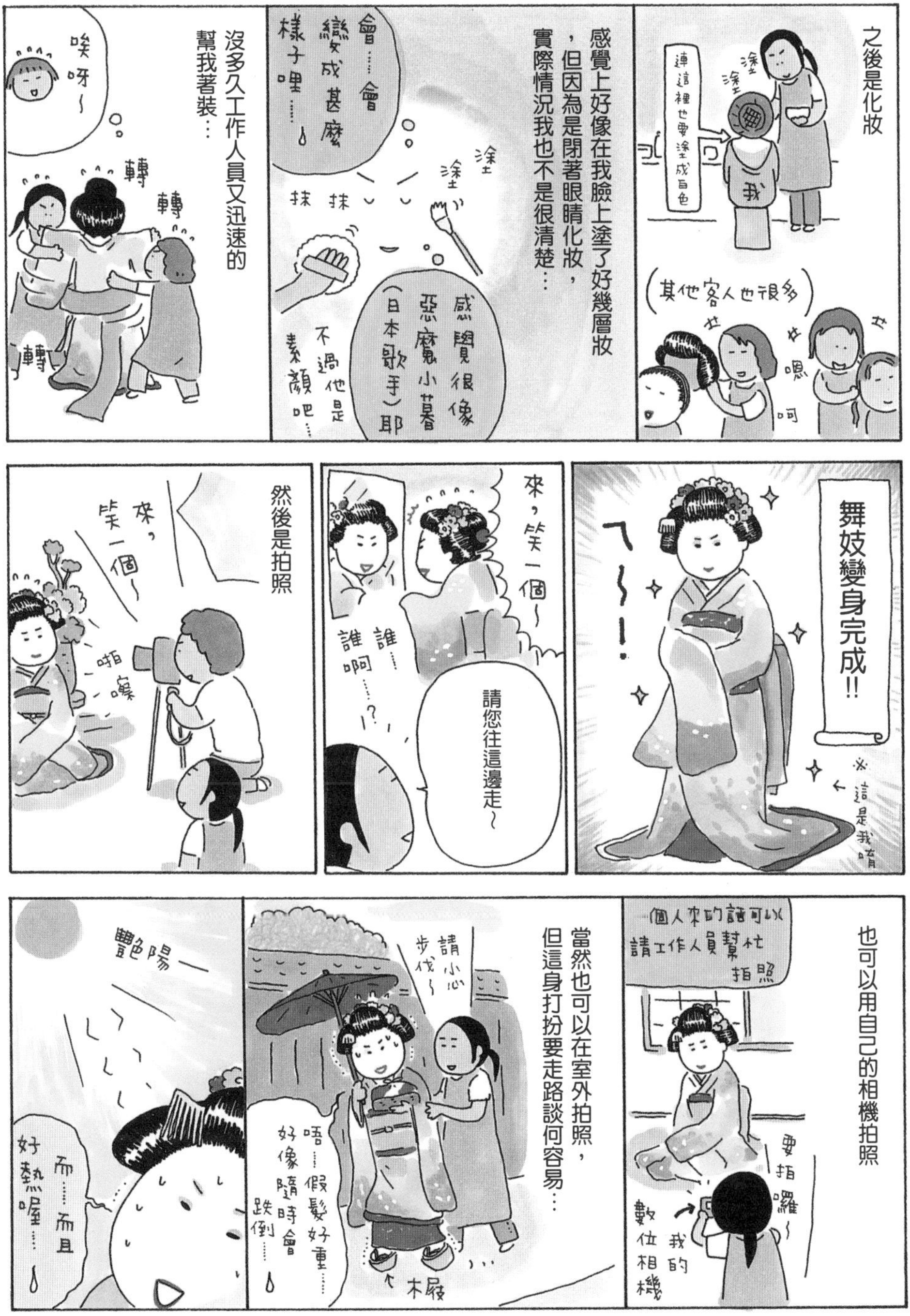
之後是化妝
塗塗
連這裡也要塗成白色
我
（其他客人也很多）
嗯
呵
感覺上好像在我臉上塗了好幾層妝，但因為是閉著眼睛化妝，實際情況我也不是很清楚……
塗塗
抹抹
會……會變成甚麼樣子哩……
感覺很像惡魔小暮（日本歌手）耶
不過他是素顏吧……
沒多久工作人員又迅速的幫我著裝…
唉呀～
轉轉
轉
舞妓變身完成!!
～～！
※這是我唷
來，笑一個～
誰誰啊……!?
請您往這邊走～
然後是拍照
來，笑一個～
啪嚓
也可以用自己的相機拍照
一個人來的話可以請工作人員幫忙拍照
要拍囉～
我的數位相機
當然也可以在室外拍照，但這身打扮要走路談何容易……
請小心步伐～
唔…假髮好重……
好像隨時會跌倒……
木屐
艷陽——
而……而且好熱喔……

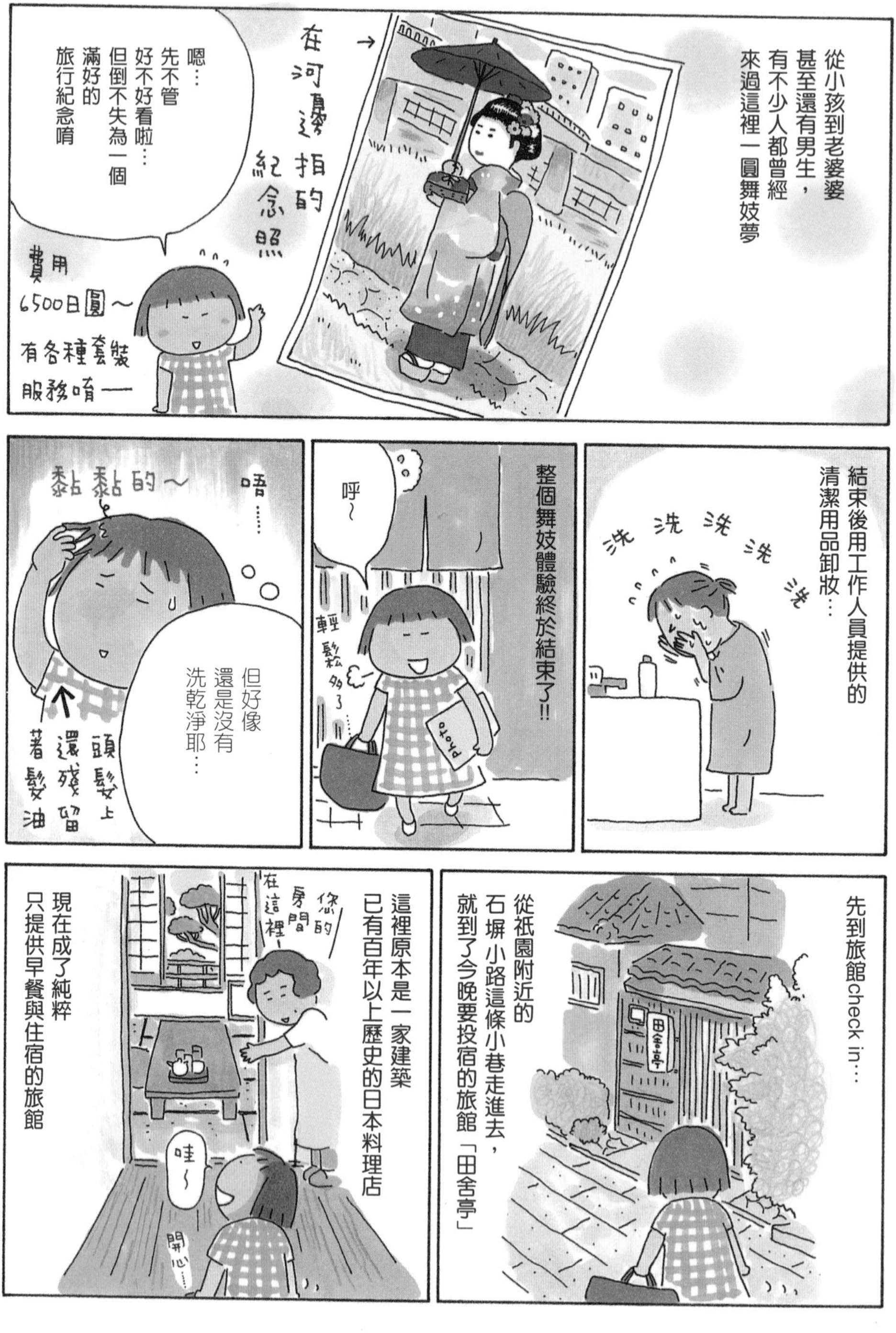

從小孩到老婆婆
甚至還有男生，
有不少人都曾經
來過這裡一圓舞妓夢
在河邊拍的紀念照
嗯…
先不管
好不好看啦…
但倒不失為一個
滿好的
旅行紀念唷
費用
6500日圓～
有各種套裝
服務唷——
結束後用工作人員提供的
清潔用品卸妝…
洗 洗 洗 洗 洗
整個舞妓體驗終於結束了!!
呼～
輕鬆多了…
黏黏的～
唔……
但好像
還是沒有
洗乾淨耶…
頭髮上
還殘留
著髮油
先到旅館check in…
從祇園附近的
石塀小路這條小巷走進去，
就到了今晚要投宿的旅館「田舍亭」
田舍亭
這裡原本是一家建築
已有百年以上歷史的日本料理店
您的房間在這裡
現在成了純粹
只提供早餐與住宿的旅館
哇～
開心……

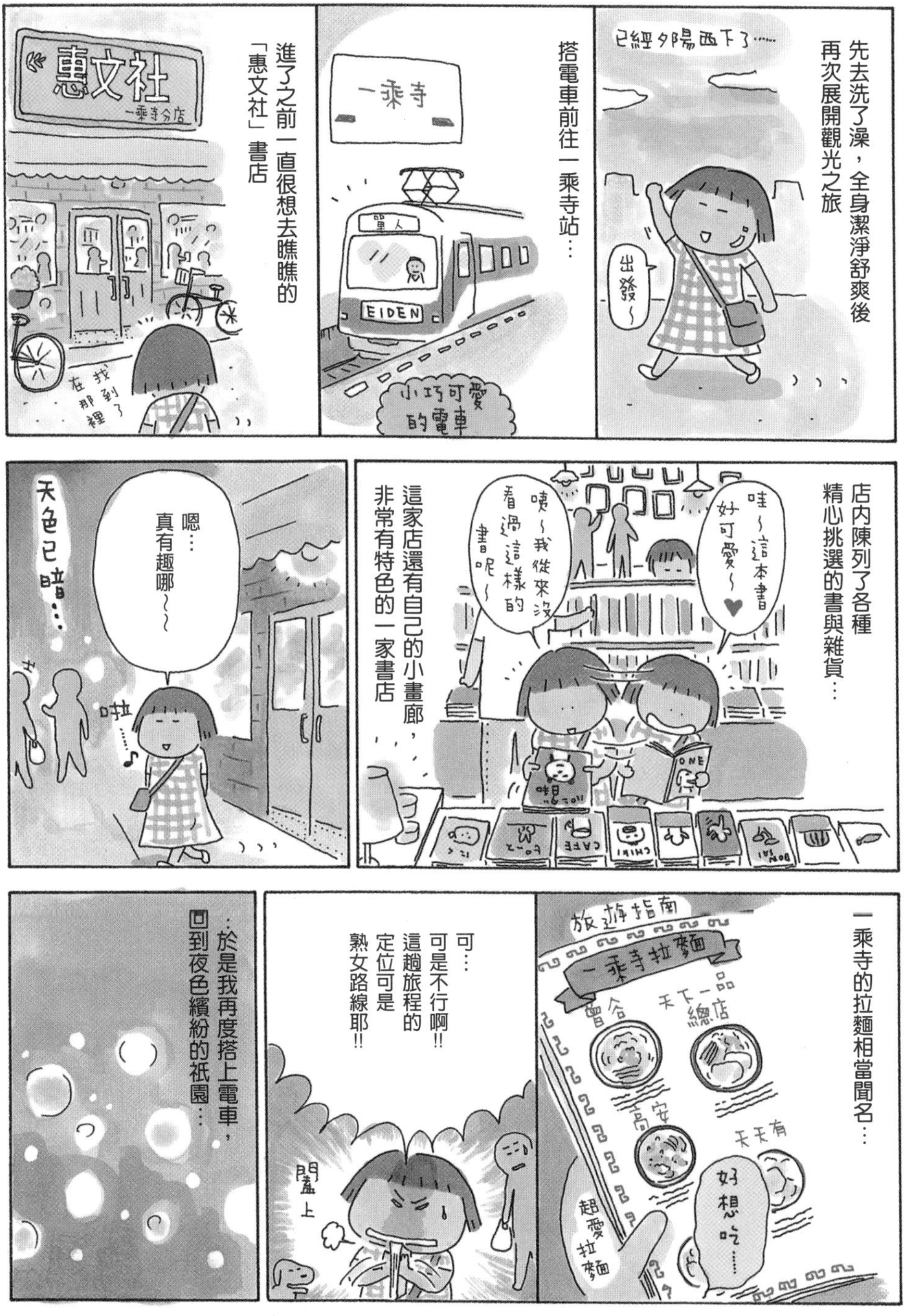
先去洗了澡，全身潔淨舒爽後
再次展開觀光之旅
已經夕陽西下了……
出發～
搭電車前往一乘寺站…
一乘寺
單人
EIDEN
小巧可愛的電車
進了之前一直很想去瞧瞧的「惠文社」書店
惠文社
一乘寺分店
在那裡 找到了
店内陳列了各種精心挑選的書與雜貨…
哇～這本書好可愛～♥
咦～我從來沒看過這樣的書呢～
這家店還有自己的小畫廊，非常有特色的一家書店
ONE
CAFE
天色已暗…
嗯…真有趣哪～～
啦……♪
一乘寺的拉麵相當聞名…
旅遊指南
一乘寺拉麵
天下一品 總店
高安
天天有
好想吃……
超愛拉麵
可…可是不行啊!!這趟旅程的定位可是熟女路線耶!!
闔上
…於是我再度搭上電車，回到夜色繽紛的祇園…

印象中物價非常高的祇園
如今也出現了一些較為平價的餐廳，
所以我四處晃了一下，
找找看有沒有合適的店…
祇園的特色店
井哇 哇 井 哇
咦？
怎麼有群人圍在那裡
哇 哇
讓我拍張照好嗎
拜託
是舞妓耶～！
哇 哇
外國人也很興奮
果然和我這個冒牌貨不同，
真正的舞妓氣質非常高雅
冒牌貨在此
さ…
而且好可愛唷…
哇 哇
結果晚餐時間
我卻不停的到處找著餐館
人聲鼎沸
猶豫
打轉
不前
一個人實在不敢進去…
天色越來越晚了…
謝謝光臨～
啊哈哈
不知所措
怎…
怎麼辦—
嘻嘻
哈哈
能進去的店就更少了…
結果我買了麵包回旅館吃，
這頓晚餐完全沒有熟女氣氛…
嗚嗚嗚…
啃 啃 啃
麵包店
就這樣結束了一天…

接連而來的第二天早上—
啾……
啾……
田舍亭
昨天的晚餐只吃了一點點東西，一大早起床肚子已經餓到咕嚕咕嚕叫了
咕嚕
就在這時候…
抱歉打擾了~
來了~
哇~!!
豐盛~
請慢用—
哇~
垂涎已久的早餐五彩繽紛，看起來既健康又美味
就這樣填飽了肚子…
嚼
嚼
好久不曾吃這樣豐盛的早餐囉~
湯豆腐真好吃~
退房之後
謝謝您的光臨~
歡迎您下次再來~
謝謝您的照顧~
接著搭巴士到嵐山去
嵐山

首先去拜訪世界文化遺產之一的天龍寺
大本山天龍寺
今天還是好熱唷
曬昏~
暑氣
這裡有個附有池塘的華麗庭園
哇~好美唷♪
Beautiful~
可以從建築物走廊向外遠眺
等我回過神來，才發現跟我一樣坐在走廊上發呆、同樣是單人前來的女生一共有三個…（包括我）
哇喔
呵~她們也都是一個人來旅行的吧~
果然~成熟的女性自己一個人眺望著庭園的模樣，真是有魅力啊~
…坐在走廊邊緣的我，看起來應該也是那個樣子吧♡
呵
來到嵐山，當然不能錯過渡月橋

正當我在橋上拍照時…
專注～
您好～
要不要我幫您拍張照呢
…突然有位拉人力車的大哥出聲叫住了我
不…不用了，謝謝你
真的不用嗎～？
飛快～
莫名其妙就逃走了
對耶，這附近有好多人力車，也許他們特別注意自己一個人來的女性吧，一路上有好多人力車大哥出聲叫我
您好啊～
驚
要不要搭車啊～？
驚
但我實在沒甚麼勇氣搭人力車
因為坐在不認識的男生車上讓他拉著跑，人家會害羞啦～
而且好多人力車大哥都長得好帥唷……
肌肉
黝黑
正當這樣想時，剛好就有一部人力車載著一位女子從身旁經過…
呵呵呵……
我來跟您介紹一下
啊
買了→
這樣的情景簡直就像一幅畫…
對我來說真是個強烈的文化衝擊
是嗎…原來即使只有自己一個也會搭人力車的人也是有的呀…
不…不愧是成熟的大人……

不坐人力車，我改搭（？）嵯峨野的小火車替代
小火車嵯峨野站
您好～
這種行駛於山間鐵道，從嵐山至龜岡車程約25分鐘的小火車…
成人單程 600日圓
DE10 1104
嵯峨野
坐在我對面的是一對情侶，一路上顯得有些尷尬…
指定席
呵
呵
……
從沒有玻璃的車窗向外遠眺，景色非常壯觀
哇♥
旁邊就是保津川
乘船下行的旅客
喀噠
喀噠
列車緩緩進入隧道之後，四周變得昏暗一片，相當有趣
喀噠
喀噠
喀噠
嗯…隧道裡好涼爽唷～♡
感覺有點像巨雷山
之後再次回到嵐山，我轉往位於京福嵐山車站內的「站前足湯」
就在月台旁
嵐山溫泉
四条大宮
單人駕駛
632
泡湯費用150日圓，有附一條毛巾
嵐山溫泉 站前足湯
嗯～好舒服唷…
但…好熱…
汗流
浹背
另外的客人就只有這位大叔

出來之後
我搭上巴士前往苔寺
熱呼呼
巴士 嵐山
熱呼呼
熱呼呼
熱呼呼
抵達後，
我先到前面的麵店吃午餐
喔♥
巴士 苔寺
這家的蕎麥麵非常好吃
但因為才剛泡完腳，
吃了熱騰騰的湯麵，就更加大汗淋漓了…
呼
呼
山藥蕎麥麵
1000日圓
呵呵，
您是
一個人來嗎～？
老闆娘
嗯，是啊
那需不需要
我幫你拍張照片
留念呢
流汗
站前足湯
泡足湯的毛巾
於是我便在店門口
拍了張紀念照
事後再看這張照片，
怎麼看都像個剛泡完澡的人…
苔乃茶屋
名產山藥蕎麥麵
蕎麥麵
店裡的廣告
喀擦
滿身大汗的我繼續往
鈴蟲寺前進
鈴蟲寺
好熱啊～
這裡的「幸福地藏」非常有名，
聽說只要在這個廟裡許下一個願望，
這位穿著草鞋的地藏
就會到你家幫你達成心願…
想像圖
可能是這個傳說太浪漫了吧，
來參拜的幾乎都是女性
首先要
聽佛法
附熱茶
與點心

其實，十年前老姐就給過我這座廟的護身符
聽說只要向這個護身符許願，地藏就會來我們家幫妳達成願望哦～
這個給你
姐
從京都回來
還是個學生
真的？
地…地藏會來我們家…!?
聽起來蠻恐怖的…
算…算了，還是先許願再說吧～
請保佑我將來能順利以畫圖維生～
朝著京都方向誠心祈禱
…這座廟還有我這樣一個往事呢
對了～當時老姐就是來這裡吧
鈴～鈴～鈴～
養了不少鈴蟲
像老姐那伙……
於是我連同老姐的份，買了兩個和當時一模一樣的護身符
呵呵呵…就拿這個送老姐當名產禮物吧～
御守
後來我又搭巴士回到放行李的四条車站…
投幣式置物箱
嘿咻
心情好像差不多該回家了…
聽說京都的復古咖啡廳也很受歡迎呢～
要不要去看看呢？
於是我多走了一小段路，到老店INODA COFFEE本店去
FRESHLY ROASTED COFFEE
INODA COFFEE
INODA COFFEE 本店

才進入店內就
一陣咖啡香迎面撲來
歡迎光臨~
聞聞
聞~
但老實說我不太懂咖啡
可…可是既然進來了，怎麼可以不點咖啡呢…
喜歡咖啡的香味
MENU
嗯~請給我阿拉比卡的珍珠和乳酪蛋糕
好的
※阿拉比卡的珍珠是咖啡的名稱
送上來的咖啡是這個樣子的…
奶精和糖已經先加好了
呵呵…好奧妙的香味啊…
看起來濃郁，香味卻很柔和…
…但其實我根本就不懂
啊……好苦啊!!
我只喝得出這種感覺。在這裡向喜歡咖啡的人說聲抱歉啦
我想應該比普通的咖啡口感更酸一點吧
店裡的氣氛非常幽靜…
讓我忍不住想再多坐一會兒
啜飲
小口
這應該就是所謂大人的感覺了吧…
於是在這樣滿心溫暖的氣氛下，結束了這趟京都之旅
在新幹線上
呼~啤酒真好喝呀~

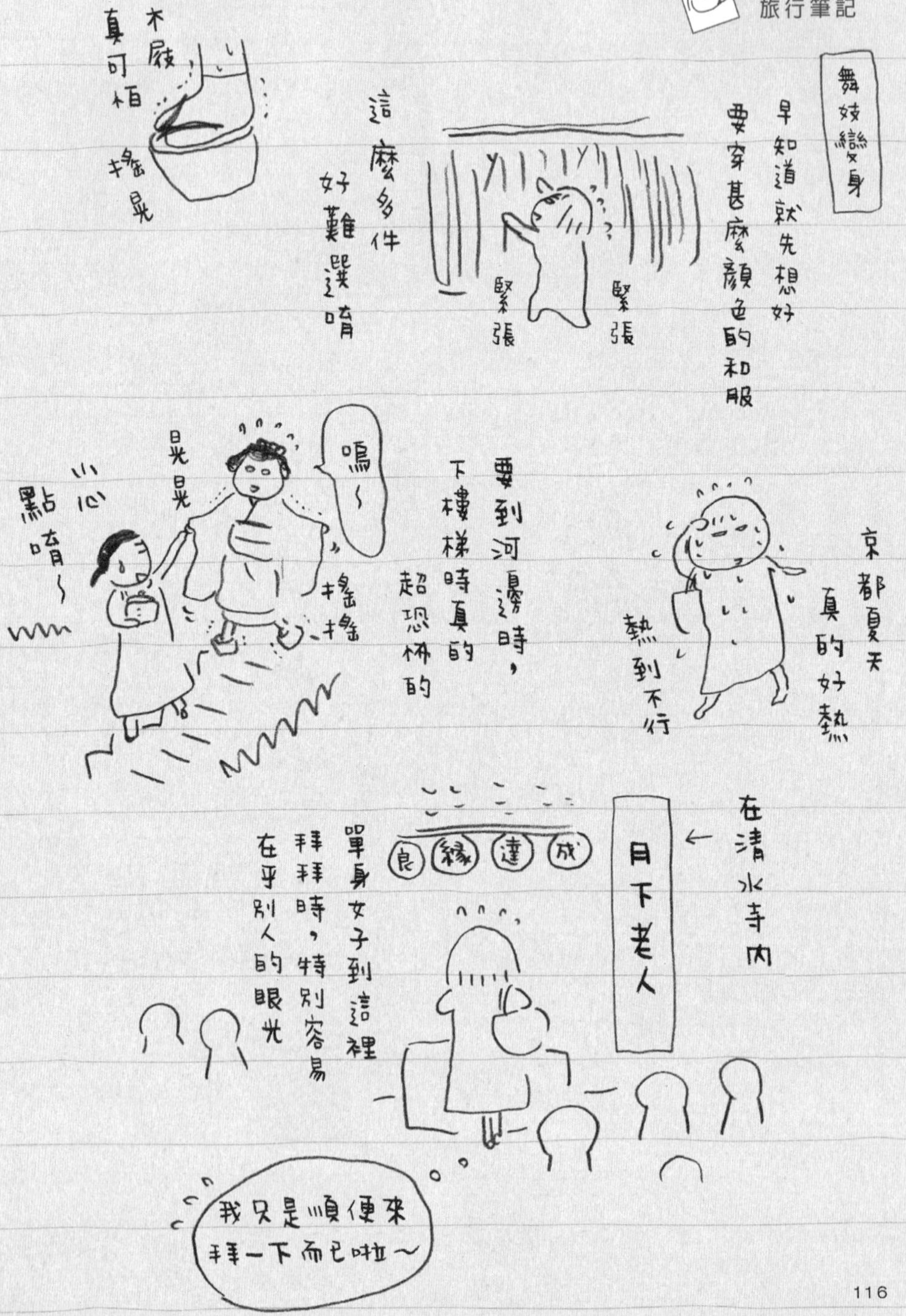
舞妓變身
早知道就先想好要穿甚麼顏色的和服
這麼多件好難選唷
緊張
緊張
木屐
真可怕
搖晃
京都夏天真的好熱
熱到不行
要到河邊時，下樓梯時真的超恐怖的
嗚～
晃晃
搖搖
小心點唷～
在清水寺內
月下老人
良緣達成
單身女子到這裡拜拜時，特別容易在乎別人的眼光
我只是順便來拜一下而已啦～

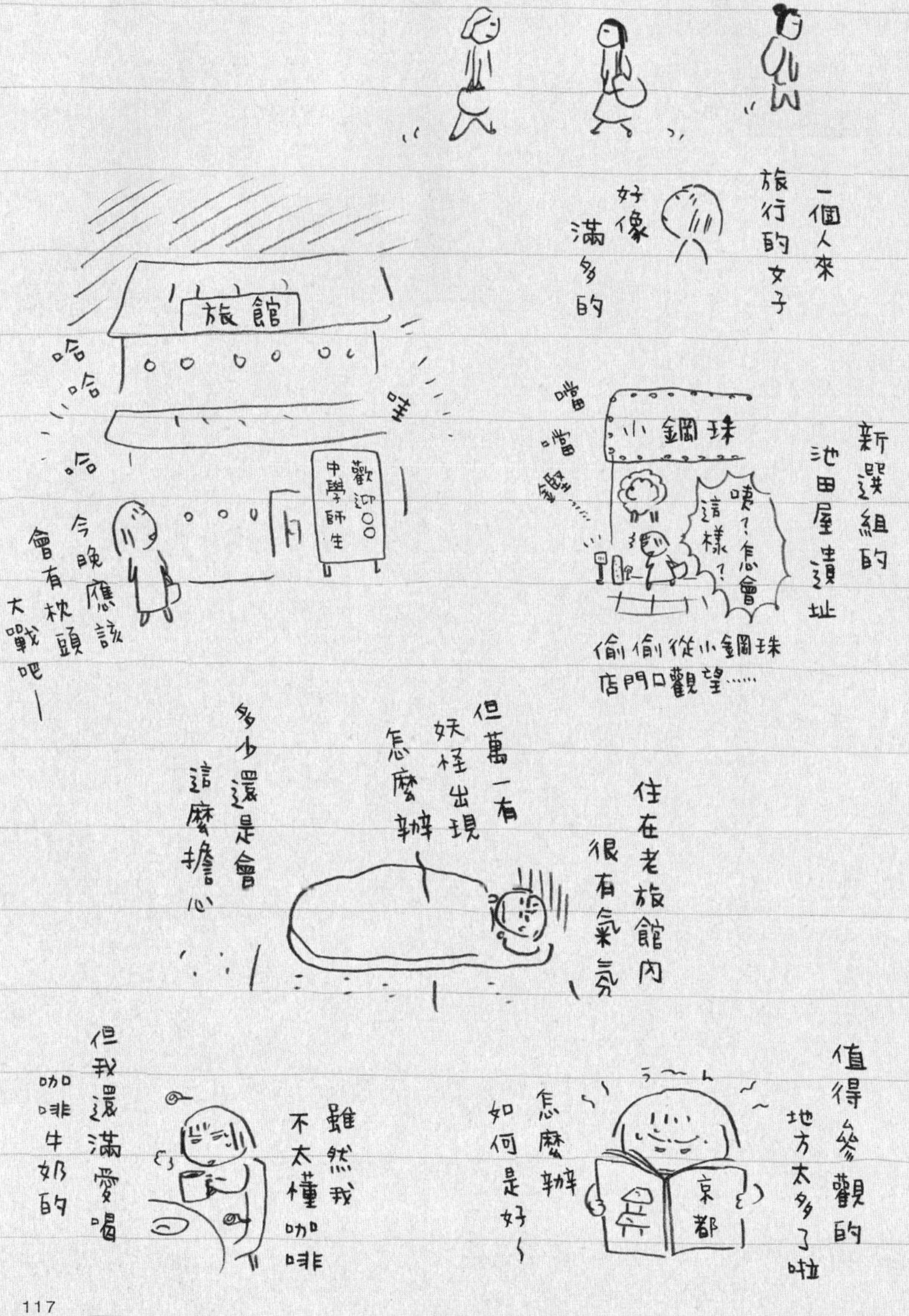
一個人來旅行的女子
好像滿多的
新選組的池田屋遺址
小鋼珠
噹
噹
鏘
咦?怎會這樣?
偷偷從小鋼珠店門口觀望……
旅館
哈
哈
哈
哇
歡迎○○中學師生
今晚應該會有枕頭大戰吧—
住在老旅館內很有氣氛
但萬一有妖怪出現怎麼辦
多少還是會這麼擔心
值得參觀的地方太多了啦
怎麼辦如何是好~
う〜ん
京都
雖然我不太懂咖啡
但我還滿愛喝咖啡牛奶的

京都集錦

這是哪位啊？
是直子啦ー

對於京都的暑氣耳聞已久，身歷其境果然不是普通的熱啊…。這裡值得一看的地方實在太多了，優柔寡斷的我完全無法立刻決定要去哪裡，真是糟糕。與其想要一次逛完許多地方，我想分成幾次、每次只去幾個地方會更合適吧。

這次因為太過堅持要走「熟女」路線，反而糟蹋了晚餐的時光…。下次再來的時候，絕不會再這麼堅持了，要以悠閒的心情好好欣賞這個古都。真想在楓紅季節來這裡看看呢…(但觀光客很多就是了)。一個人單獨前來的女性還滿多的，相對也讓我覺得這趟旅程輕鬆不少。

蕨餅店的糖罐。
好可愛唷。

➡DATA
舞妓變身處 舞香 ●京都市東山區四条下宮川筋4-297 ☎ TEL: 075-551-1661 http://www.maica.net/
田舍亭 ●京都市東山區祇園下河原石塀小路463 ☎ TEL: 075-561-3059 http://www.inakatei.com/
惠文社 ●京都市左京區一乘寺払殿町10 ☎ TEL: 075-711-5919 http://www.keibunsha-book.com/

悠遊自在
故鄉紀行

三重篇

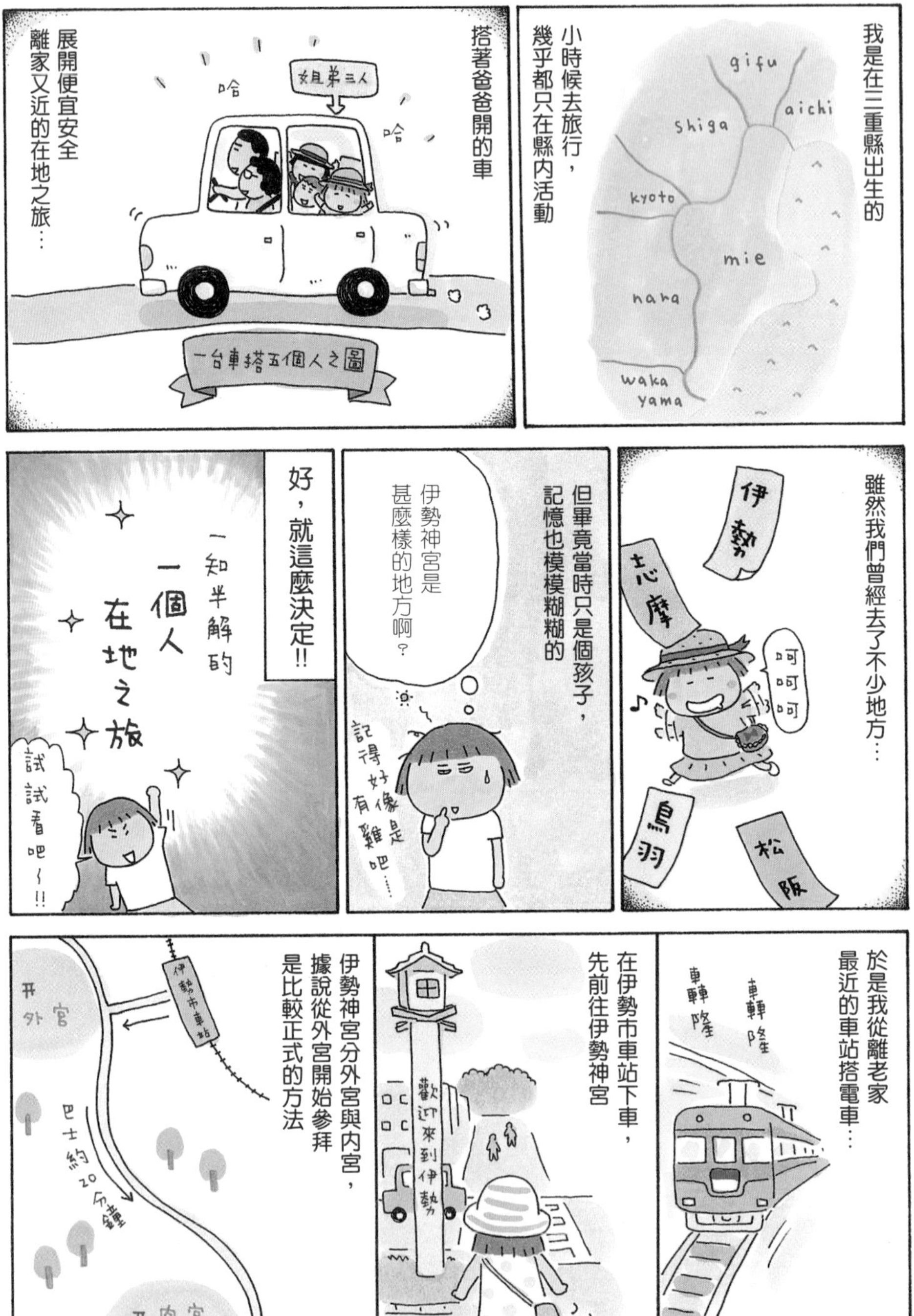
我是在三重縣出生的
gifu
aichi
shiga
kyoto
mie
nara
waka yama
小時候去旅行，幾乎都只在縣內活動
搭著爸爸開的車
姐弟三人
哈
哈
展開便宜安全離家又近的在地之旅…
一台車搭五個人之圖
雖然我們曾經去了不少地方…
伊勢
志摩
呵呵呵
鳥羽
松阪
但畢竟當時只是個孩子，記憶也模模糊糊的
伊勢神宮是甚麼樣的地方啊？
記得好像是有雞吧……
好，就這麼決定!!
一知半解的
一個人在地之旅
試試看吧～!!
於是我從離老家最近的車站搭電車…
轟隆
轟隆
在伊勢市車站下車，先前往伊勢神宮
歡迎來到伊勢
伊勢神宮分外宮與內宮，據說從外宮開始參拜是比較正式的方法
伊勢市車站
外宮
巴士約20分鐘
內宮

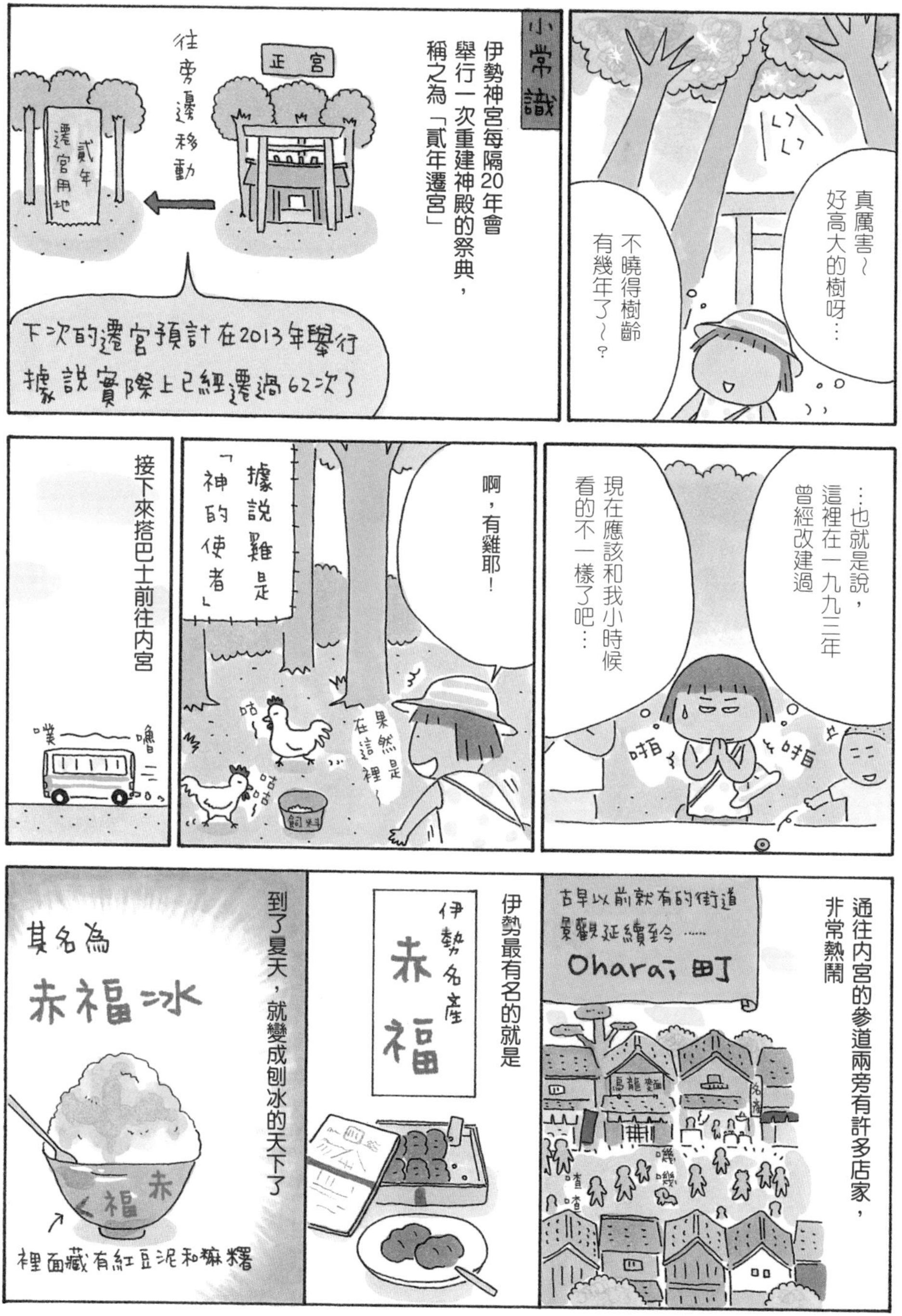
真厲害～好高大的樹呀……
不曉得樹齡有幾年了～？
小常識
伊勢神宮每隔20年會舉行一次重建神殿的祭典，稱之為「貳年遷宮」
正宮
往旁邊移動
貳年遷宮用地
下次的遷宮預計在2013年舉行
據說實際上已經遷過62次了
…也就是說，這裡在一九九三年曾經改建過
現在應該和我小時候看的不一樣了吧……
啪
啪
啊，有雞耶！
據說雞是「神的使者」
果然是在這裡～
咕～
咕咕
飼料
接下來搭巴士前往內宮
噗——
嚕—
通往內宮的參道兩旁有許多店家，非常熱鬧
古早以前就有的街道景觀延續至今……
Oharai町
烏龍麵
名產
嘰嘰
喳喳
伊勢最有名的就是
伊勢名產
赤福
到了夏天，就變成刨冰的天下了
其名為
赤福冰
赤福
裡面藏有紅豆泥和麻糬

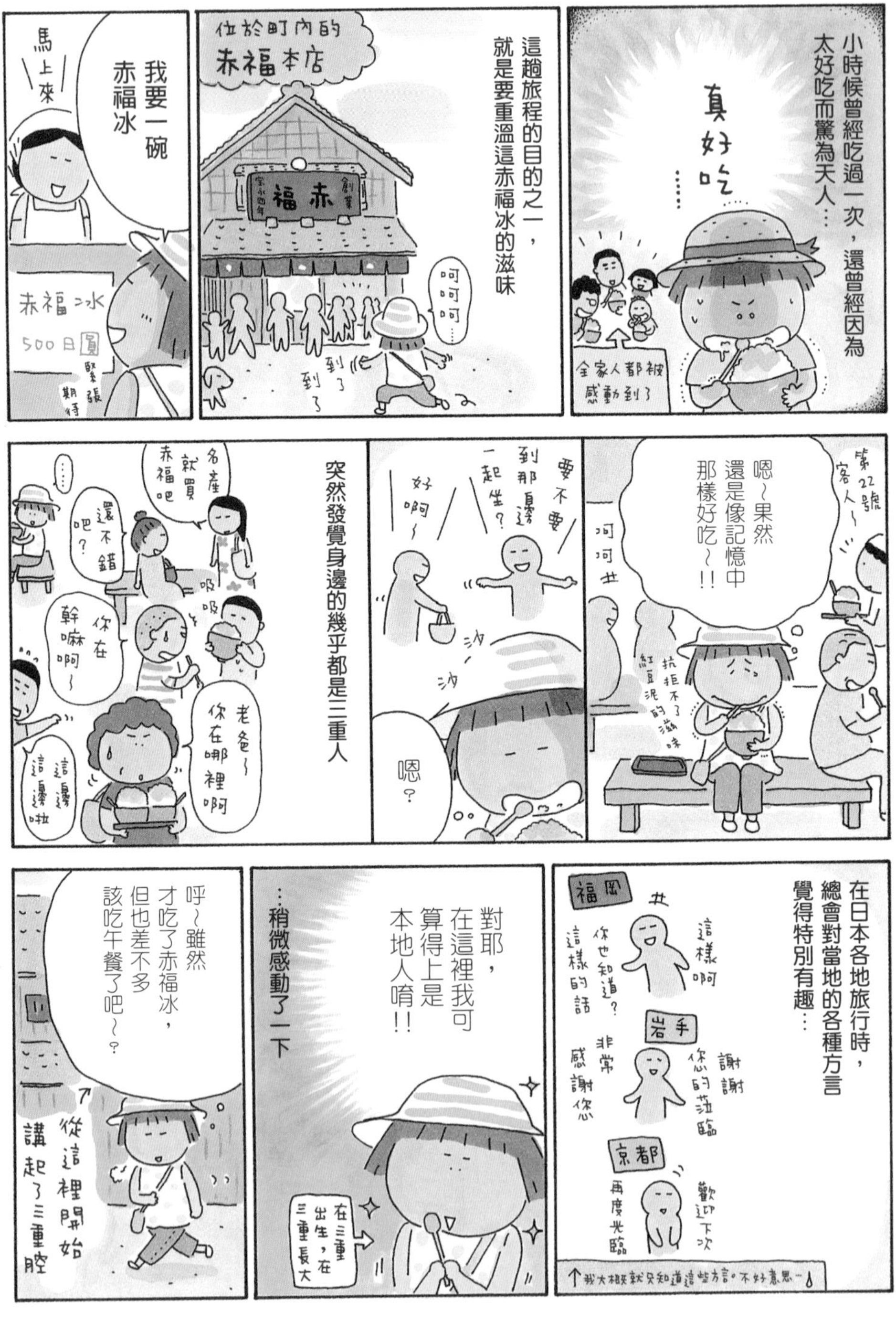

小時候曾經吃過一次，還曾經因為太好吃而驚為天人……
真好吃……
全家人都被感動到了
位於町內的赤福本店
這趟旅程的目的之一，就是要重溫這赤福冰的滋味
赤福
呵呵呵……
到了到了
我要一碗赤福冰
馬上來
赤福冰 500日圓
緊張期待
第22號客人～
嗯～果然還是像記憶中那樣好吃～!!
呵呵卄
抗拒不了紅豆泥的滋味
要不要到那邊一起坐？
好啊～
沙沙
嗯？
突然發覺身邊的幾乎都是三重人
……
名產就買赤福吧
還不錯吧？
吸吸
你在幹嘛啊～
老爸～你在哪裡啊
這邊這邊啦
在日本各地旅行時，總會對當地的各種方言覺得特別有趣……
福岡
這樣啊
你也知道？
這樣的話
岩手
謝謝您的蒞臨
非常感謝您
京都
歡迎下次
再度光臨
↑我大概就只知道這些方言。不好意思一
對耶，在這裡我可算得上是本地人唷!!
……稍微感動了一下
在三重出生，在三重長大
呼～雖然才吃了赤福冰，但也差不多該吃午餐了吧～？
從這裡開始講起了三重腔

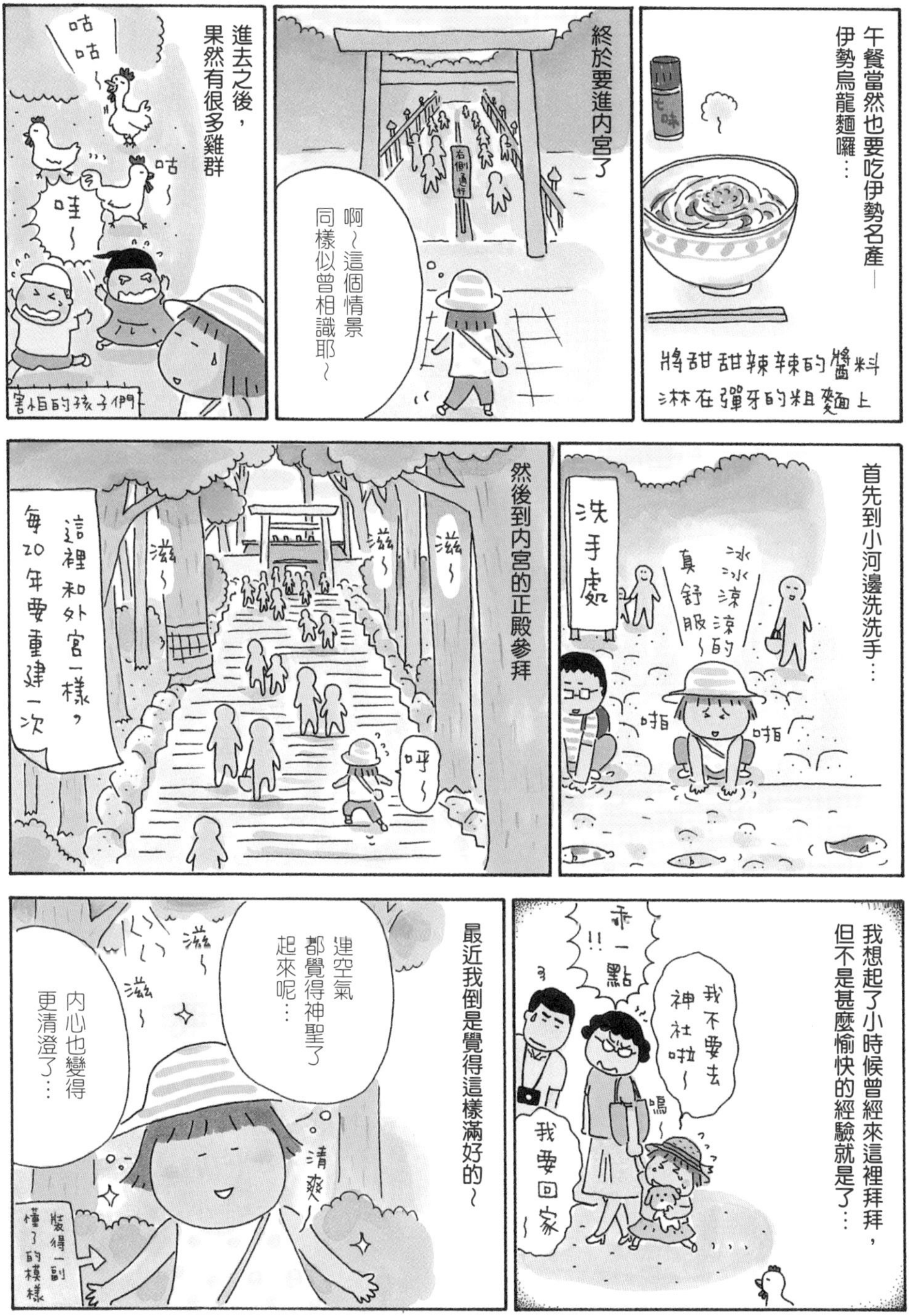
午餐當然也要吃伊勢名產——伊勢烏龍麵囉…
七味
將甜甜辣辣的醬料淋在彈牙的粗麵上
終於要進內宮了
右側通行
啊~這個情景同樣似曾相識耶~
進去之後，果然有很多雞群
咕咕~
咕~
哇~
害怕的孩子們
首先到小河邊洗洗手…
洗手處
冰冰涼涼的
真舒服~
啪
啪
然後到內宮的正殿參拜
滋~
滋~
滋~
這裡和外宮一樣，每20年要重建一次
呼~
我想起了小時候曾經來這裡拜拜，但不是甚麼愉快的經驗就是了…
乖一點!!
我不要去神社啦~
嗚~
我要回家~
最近我倒是覺得這樣滿好的~
連空氣都覺得神聖了起來呢…
滋~
滋~
內心也變得更清澄了…
清爽~
裝得一副懂了的模樣

參拜結束後，搭電車往二見浦方向移動
二見浦
伊勢市
這附近的海邊有個著名的「夫婦岩」
經常出現在一月份的月曆照片中
1月
嘩——沙
雖然我是當地人，但我長這麼大還是第一次看到呢
好多人來參觀
比想像中小了一點…
今晚我就住這附近的旅館
首先泡個澡讓身心徹底舒暢
呼哈～
在東京，一談到我是「三重人」…
經常會遇到這樣的話題
三重縣最有名的就是松阪牛肉～
既然你是當地人，在家裡一定是天天吃松阪牛肉吧？
好羨慕唷
那種高級品我從來沒吃過啊…
全家出遊時曾經過賣松阪牛肉的餐廳……
中午在這裡吃飯吧～
松阪牛之屋
MENU
哇
哇
但因為價格太昂貴，一家人便奪門而出了……
松阪牛之屋
甚麼～
父
快逃～

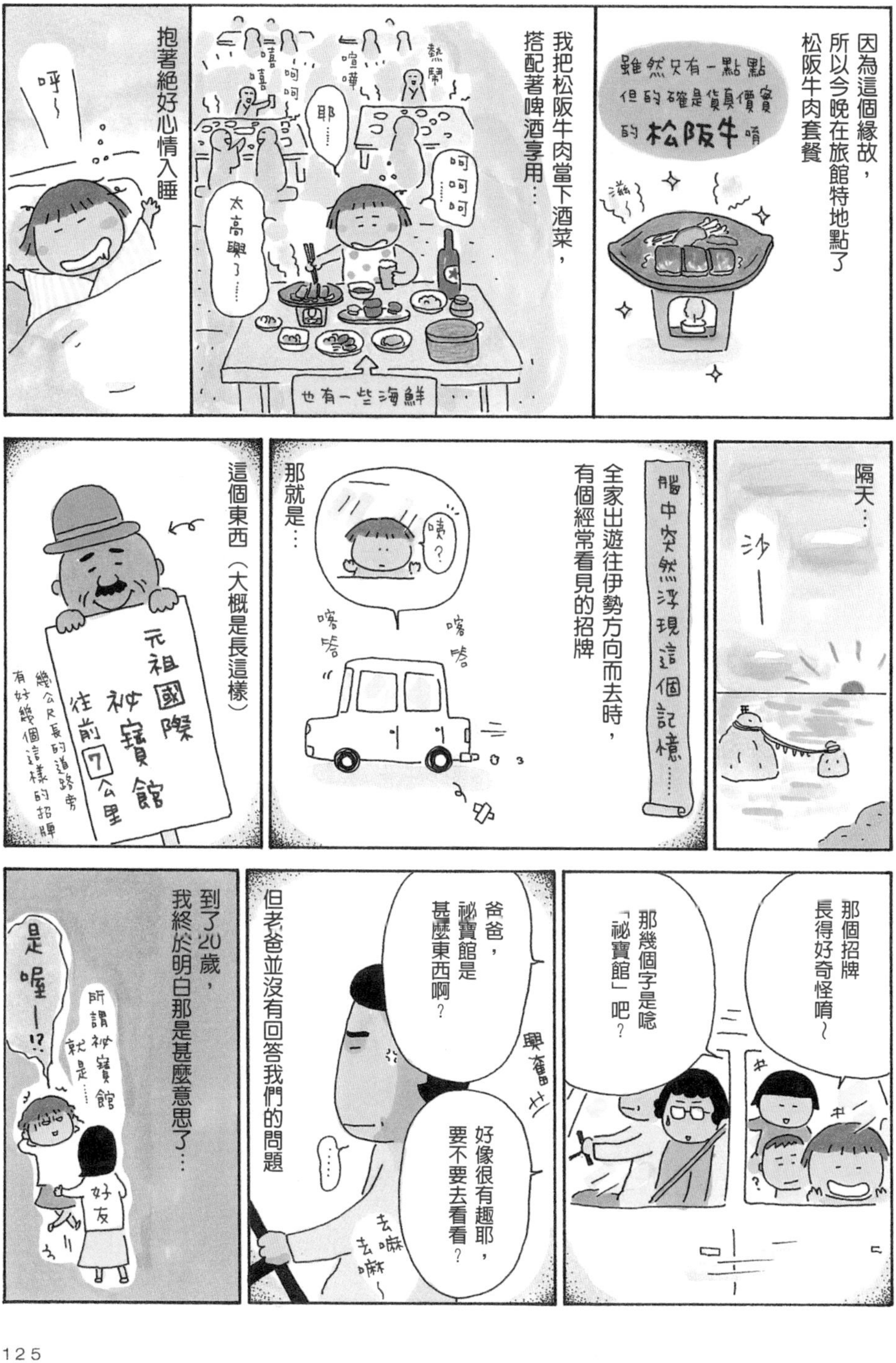
因為這個緣故，所以今晚在旅館特地點了松阪牛肉套餐
雖然只有一點點 但的確是貨真價實的松阪牛唷
滋
我把松阪牛肉當下酒菜，搭配著啤酒享用……
熱鬧
喧嘩
嘻嘻
呵呵
耶……
呵呵呵……
太高興了……
也有一些海鮮
抱著絕好心情入睡
呼～
隔天……
沙——
腦中突然浮現這個記憶……
全家出遊往伊勢方向而去時，有個經常看見的招牌
那就是……
咦？
喀嗒
喀嗒
這個東西（大概是長這樣）
元祖國際祕寶館
往前7公里
幾公尺長的道路旁有好幾個這樣的招牌
那個招牌長得好奇怪唷～
那幾個字是唸「祕寶館」吧？
爸爸，祕寶館是甚麼東西啊？
興奮
好像很有趣耶，要不要去看看？
去嘛去嘛～
……
但老爸並沒有回答我們的問題
到了20歲，我終於明白那是甚麼意思了……
是喔——!?
所謂祕寶館就是……
好友

腦中……
既然我已經長大了，不如親自去瞧瞧那個一直認為很神秘的地方吧……
至今依然在伊勢附近悄悄營業中
秘
寶
館
興奮
突然閃出了這個念頭……
冷靜下來後，想想那實在不是個適合女生單獨前去的地方……
鳥羽水族館
呵呵……
不是甚麼了不起的行程，抱歉了……
於是我改往鳥羽，去參觀了感覺很可愛的鳥羽水族館
我在這裡度過了一小段輕鬆愉快的時光……
最喜歡的節目是…
海象
餵食歡樂秀
可以親手摸摸海象唷
好可愛唷～♥
喔喔喔喔
還只是隻幼海象
MILK
接近中午時，人潮開始擁入，於是我速速從這裡撤退……
※因為正值暑假期間，帶小孩子一起來的觀光客特別多
快逃～
之後我去了附近的御木本珍珠島
小島對外有一座聯絡橋
說到鳥羽名產，絕對是……
養殖
珍珠
我以前好像也去過珍珠島……
哈哈哈
你去過珍珠島了呀
而且不是還看了海女表演嗎？
但我完全沒有記憶
海女表演？
？？？
有嗎……

這是全世界第一個成功以人工養殖珍珠的地方，島上目前有各種與珍珠相關的觀光設施
養殖珍珠的製作說明
……
把貝殼稍微撬開，從縫隙中將珍珠核埋進去
珍珠的種類
粉紅
粉藍
黑色
純白
金色
極品的比例
只有這麼一丁點
以下就只能稱為二級品了
珍珠工藝品
用了796顆珍珠
海女現場表演
真的有海女耶……
啪啪
啪啪
啪啪
啪啪
問答遊戲
Q.哪條項鍊是真品？（答案就在這背面）
A
B
咦？
嗯～～～……是B……吧？
緊盯
解答
A 真品
B 仿冒品
翻開
沮喪
A
很明顯的表示本人的確是有眼無珠啊
這裡面還有販賣珍珠製品的販賣部
歡迎光臨
身為成熟的女性，我也來買個珍珠甚麼的吧？
但平常很少買飾品的我
不…不行，太刺眼了!!
哇～
最終還是買不下手
這裡真是個有趣的地方
買了一本書
珍珠王的故事
描述麵店老闆兒子 御木本幸吉如何奮鬥成為珍珠王的故事

晚一點的時候，到鳥羽車站附近的食堂吃午餐
鄉土料理
壽司飯
醋飯上鋪了泡在醬油裡醃漬過的柴魚等生魚片
啤酒
這地方以前曾經來過，長大以後還是第一次自己一個人來
伊勢龍蝦
烤風螺
鮑魚排
章魚
好吃～
嚼
嚼
嚼
這種有點懷念又有些新奇的感覺～好奇妙啊
小時候還不懂喝啤酒的樂趣呀～
啤酒
海膽
咕嚕
咕嚕
現在回想起來，小時候父母費盡心思帶我們到處遊歷，真應該好好感謝他們…
哈哈
呵呵
帶著三個小孩出門，的確很辛苦哪…
之後我到名產店逛了一下
乾貨
海藻
蝦米果
海螺
咦？
可愛的項鍊
玩具珍珠
¥500
哇，好懷念唷～
呵呵呵…我還曾經為了要買這個而苦苦哀求呢～
人家要買這個啦～
……
開心
開心
開心
有個小蘋果
想想還是該買個珍珠～
名產
珍珠販賣店
歡迎光臨～

於是我鐵了心買下一條珍珠項鍊
不過我買的是價格較便宜的「淡水珍珠」
¥2600
不好意思 只能買便宜貨～
我今天會回老家，所以也買了名產送給父母…
當然要買這個
伊勢名產 赤福 品質保証
赤福
在回家路上
在老家附近旅行，回家也方便呢～
咔噠 咔噠
便宜 安心 離家近！
但這趟老家之旅也有美中不足的地方…
哇～怎麼才一上車就下起大雨了…
還好沒被淋到……
沒多久，雨勢越來越大…
閃
轟隆 轟隆
媽呀～
大到電車必須暫停行駛
交通號誌被閃電打壞的關係……
我就這樣在車上枯等了4小時…
嗚…雨都已經停了說～
好想回家喔～
回家的時間嚴重延誤，到家時已經晚上10點了
呼～終於到家了～
到最近的一個車站接我回家
筋疲力竭
赤福
怎麼誤點這麼久啊～
還剩下一些天婦羅，要不要吃？
遇到這種狀況，有人在家裡等著的感覺真好呢～

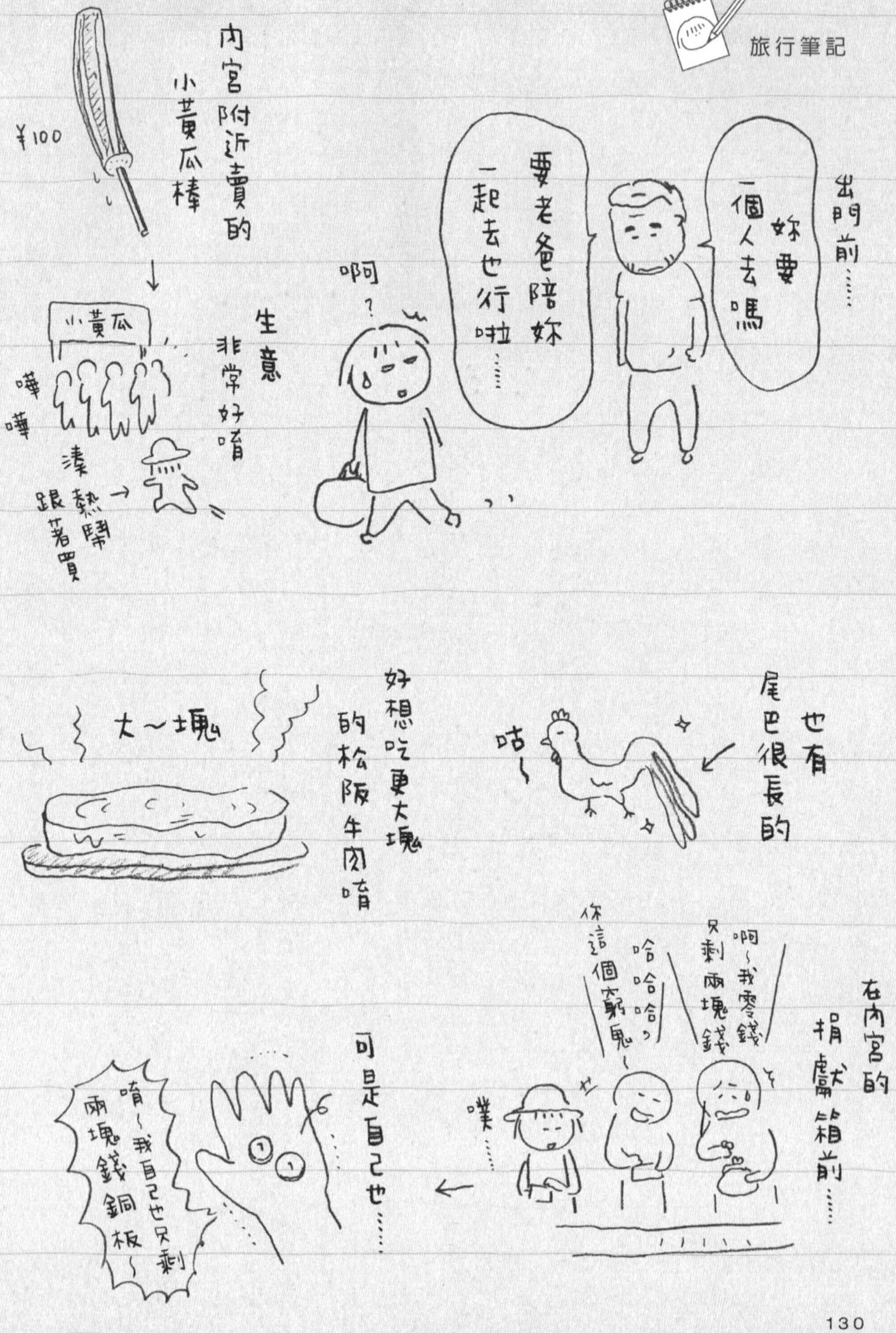
出門前……
妳要一個人去嗎
要老爸陪妳一起去也行啦……
啊？
內宮附近賣的小黃瓜棒
¥100
小黃瓜
生意非常好唷
嘩嘩
湊熱鬧跟著買
也有尾巴很長的
咕～
好想吃更大塊的松阪牛肉唷
大～塊
在內宮的捐獻箱前……
啊～我零錢只剩兩塊錢
哈哈哈，你這個窮鬼～
噗……
可是自己也……
唷～我自己也只剩兩塊錢銅板～

怎麼長得好像我家的那條狗
海獺
狗狗
嗡~
海象會用鼻子吹口琴
沒想到海象這麼可愛哩……
嗯~
超愛這個
8個裝
母
父
兩人吃得精光
一個也沒吃到
買回來的名產赤福
我也超想試試烤鮑魚
滋~
雖然已經吃了不少美食，但老媽做的天婦羅實在太好吃了……
還有味噌湯喔~
唔~嗯……
最愛這種口味了……
其實現在已經改穿潛水衣了
海女

三重集錦

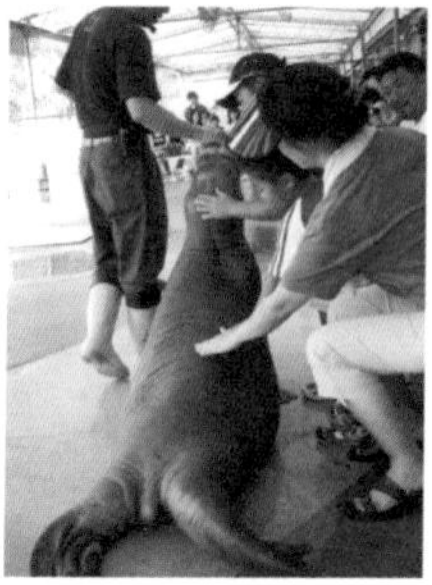
好想加入
海象之友會唷

夏天回老家探望二老時順便在當地遊覽了一下的三重單人之旅。

在東京，每當被問及有關三重縣的事情時，我老是一問三不知。為了多認識這個從小長大的地方，我也是下了不少功夫研究唷。重新認識這個出生地之後，我打從心底驕傲的認為「我老家還真是不賴呢」，對於兒時的種種回憶，也讓我稍稍泛起了些些的思慕之情…。

這趟旅行全程氣氛既輕鬆又歡樂，但對於我這個特地從東京回來、還「自己一個人去旅行」的女兒，我的老爸老媽似乎並不認為這樣的旅行有甚麼好覺得寂寞的。

在伊勢神宮內隨處可見的雞。
但牠們可沒爬上屋頂啦

➡DATA

伊勢神宮 ●三重縣伊勢市宇治館町1 ☎ TEL: 0596-24-1111（代表號） http://www.isejingu.or.jp/

赤福本店 ●三重縣伊勢市宇治中之切町26 ☎ TEL: 0596-22-2154（代表號） http://wwww.akafuku.com/

鳥羽水族館 ●三重縣鳥羽市鳥羽3-3-6 ☎ TEL: 0599-25-2555（代表號） http://www.aquarium.co.jp/

御木本珍珠島 ●三重縣鳥羽市鳥羽1-7-1 ☎ TEL: 0599-25-2028（代表號）

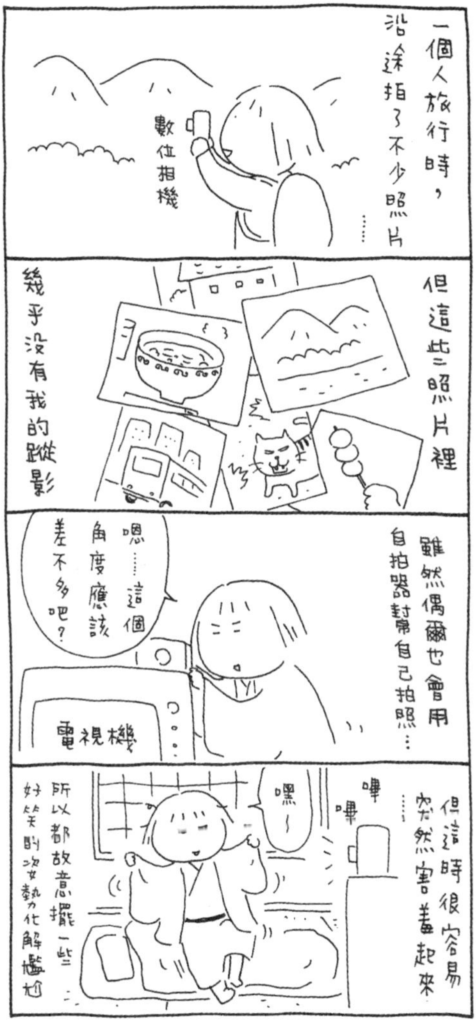
一個人旅行時，
沿途拍了不少照片……
數位相機
但這些照片裡
幾乎沒有我的蹤影
雖然偶爾也會用
自拍器幫自己拍照……
嗯……這個
角度應該
差不多吧？
電視機
但這時很容易
突然害羞起來……
嗶
嗶
嘿～
所以都故意擺一些
好笑的姿勢化解尷尬

旅程中令人難忘的景色

旅情寫真館

大澤溫泉

可以自己下廚的溫泉旅館大廳

寂靜無聲……

大澤溫泉

好酷的銀行♡

亮麗

岩手銀行中之橋分行

好想要這樣的院子唷……

建仁寺

清水寺

從這裡飛躍而下……

中州

都會風情～

沒開花……

太宰府「飛梅」

赤福本店

給我赤福啦～

夫婦♡

二見浦「夫婦岩」

頗具歷史感

唧～唧

伊勢神宮

這裡也曾有名人下榻唷之類的

田舍亭

旅程中的美食

宇都宮

吃了一半才
想到要拍照

鬆軟～

鎌倉

三重

簡樸的滋味

博多

路邊攤的滋味

京都

黏稠～

微焦

鬆脆

博多

濃郁

博多

沖繩

ORION啤酒

LOVE♡

沖繩

沖繩

好小塊唷……

三重

沖繩

吃了三次

京都

入口即化……

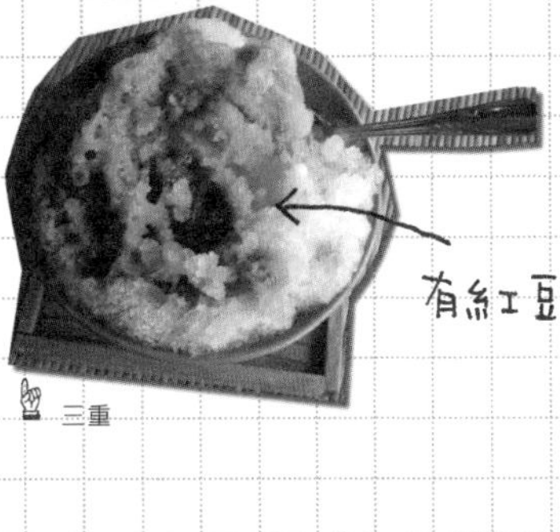

有紅豆唷~

三重

京都

理想的早餐圖

旅程中的有趣東西

三重

等你的來信唷～

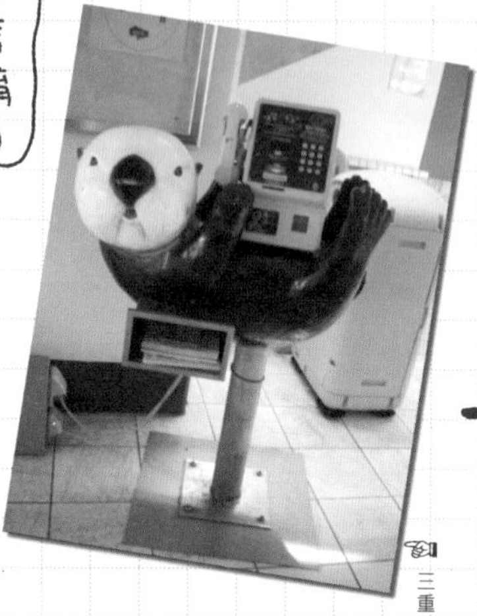

三重

鈴～♪

汪汪！

盛岡

長野善光寺

……

吼～

沖繩

不愧是雪之國呀～

盛岡

旅情寫真館

我是袋鼠~♥

鎌倉

我們是泥偶娃娃啦~

福岡

好重……好……

日光

我乃赤福的福太郎是也

三重

脫掉的潛水衣

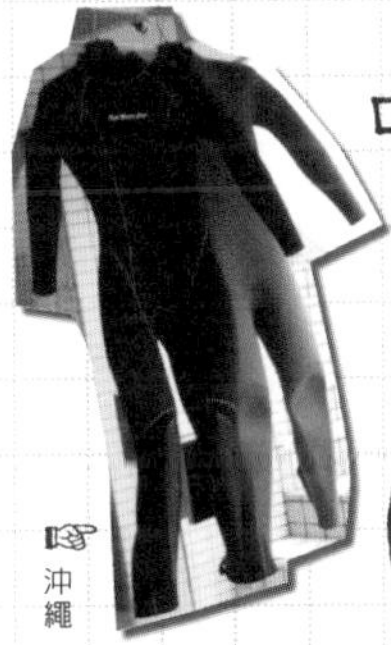

沖繩

呵呵呵……

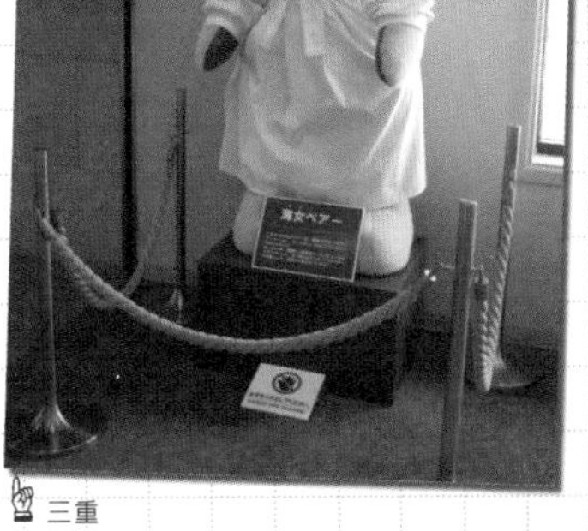

為什麼是熊啊？

三重

超可愛的明信片

福岡

後記

抱著這樣的心情，在這一年之間，我單獨踏上了旅程，遊歷了許多地方。剛開始要一個人搭車、一個人找地方投宿時，心情都非常緊張，幸好現在已經習慣了。雖然我還是很在意周遭人「啊，那女生是自己一個人旅行耶」的眼光，但我也找到了如何挑選一個人也可以很自在的觀光景點、店家的訣竅，讓我完全改觀，認為「一個人旅行其實也挺不錯的」。

藉著這樣的旅行方式，我開始了解自己的個性。

我這個人優柔寡斷，沒甚麼主見，跟大夥一起出去時，總是「隨便啦」「哪個都行」「你決定吧」等等，仰賴著其他人的意見。但自己一個人旅行時，不管大小事都得自己想辦法解決：藉由這樣的過程，我慢慢發現自己真正的想法，再看看自己之後所採取的行動，就能從中了解自己的喜好與行為模式。

一開始，我是抱持著「自己一個人應該也辦得到吧」的挑戰心情，單獨去旅行。但慢慢了解自己的個性與喜好後，每當檢討行程時，「沒想到我竟然會喜歡這樣的地方～」、「去這裡只會讓自己更累，還是放棄吧」、「偶爾也試試看」等等，旅途中的酸甜苦辣對我來說都是甜美的收穫，感覺好像開了一家「單人自助旅行公司」

似的。於是，檢討行程變成了一項非常有趣的功課。

一個人旅行的樂趣因人而異，如果我能更習慣於一個人旅行，希望自己有一天也能做到跟當地人變成好朋友、在當地旅館待上一段時間，有更多時間發呆~等等，這是我對自己的期許。

只是，害羞的個性加上不太敢一個人住旅館，這個願望不曉得哪一天才能實現。但即使腳步蹣跚，我還是會堅持下去，繼續我的一個人的旅程。

最後，我要向耐心看完我的菜鳥單人旅行筆記的各位，以及曾經在旅程中幫助過我的人，致上我最深的謝意。

2006年秋　高木直子

一個人旅行時
若是稍微感到不安
嘩
嘩
嘩
嘩
……
放～空
發現有跟自己一樣
也是一個人旅行的
女性時……
嘩
嘩
旅遊
指南
喔
啊哈哈……
就會很開心
呵呵……
有同伴呢
同伴唷～
你好～
對方如果也
那個女生
也是一個人
旅行呢……
呵呵
這樣想的話
就太好了……

高木直子最新作品

便當實驗室開張：
每天做給老公、女兒，
偶爾也自己吃

媽媽的每一天：
高木直子東奔西跑的日子

媽媽的每一天：
高木直子陪你一起慢慢長大

媽媽的每一天：
高木直子手忙腳亂日記

台灣出版16週年
全新封面版

150cm Life

150cm Life ②
（筆記本贈品版）

150cm Life ③
（筆記本贈品版）

一個人出國到處跑：
高木直子的海外
歡樂馬拉松

一個人邊跑邊吃：
高木直子呷飽飽
馬拉松之旅

一個人去跑步：
馬拉松 1 年級生
（卡哇伊加油貼紙版）

一個人去跑步：
馬拉松 2 年級生

已經不是一人：
高木直子 40 脫單故事

一個人吃太飽：
高木直子的美味地圖

一個人和麻吉吃到飽：
高木直子的美味關係

一個人搞東搞西：
高木直子閒不下來手作書

一個人做飯好好吃

一個人好想吃：
高木直子念念不忘，
吃飽萬歲！

一個人的第一次
（第一次擁有雙書籤版）

一個人的狗回憶：
高木直子的美味關係
（想念泡泡限量筆記本版）

一個人好孝順：
高木直子帶著爸媽去旅行

一個人住第 5 年
（台灣限定版封面）

一個人住第 9 年
（筆記本贈品版）

一個人住第幾年？

一個人上東京
（陪你奮鬥貼紙版）

一個人到處瘋慶典：
高木直子日本祭典萬萬歲

一個人漂泊的日子①
（封面新裝版）

一個人漂泊的日子②
（封面新裝版）

我的 30 分媽媽
（想念童年贈品版）

我的 30 分媽媽②
（筆記本贈品版）

一個人暖呼呼：
高木直子的鐵道溫泉秘境
（暖暖束口贈品版）

本作品收錄了2005年11月號～2006年10月號刊載於《 relex jalan 》的作品並加以增修而成。
大幅

Titan 033

一個人去旅行 1年級生 行李箱捨不得貼紀念版

高木直子◎著　（一個人旅行經驗值 7.5次）

出版者：大田出版有限公司
台北市10445中山區中山北路二段26巷2號2樓
E-mail：titan@morningstar.com.tw　http：//www.titan3.com.tw
編輯部專線：（02）25621383　傳真：（02）25818761
【如果您對本書或本出版公司有任何意見，歡迎來電】
行政院新聞局版台業字第397號
法律顧問：陳思成律師

填寫回函雙層贈禮 ❤
①立即購書優惠券
②抽獎小禮物

總編輯：莊培園
副總編輯：蔡鳳儀
行銷編輯：張筠和
行政編輯：鄭鈺澐
校對：謝惠鈴 / 陳怡君/ 蘇淑惠
初版：二〇〇七年十月三十日　定價：320元
行李箱捨不得貼紀念版二刷：二〇二四年四月一日

購書E-mail：service@morningstar.com.tw
網路書店：http://www.morningstar.com.tw（晨星網路書店）
郵政劃撥：15060393（知己圖書股份有限公司）
印刷：上好印刷股份有限公司

國際書碼：978-986-179-828-8　CIP：731.9 / 112012573

HITORITABI
1NENSEI

HITORITABI
1NENSEI

TORITABI
1NENSEI

HITORITABI
1NENSEI

HITORITABI
1NENSEI

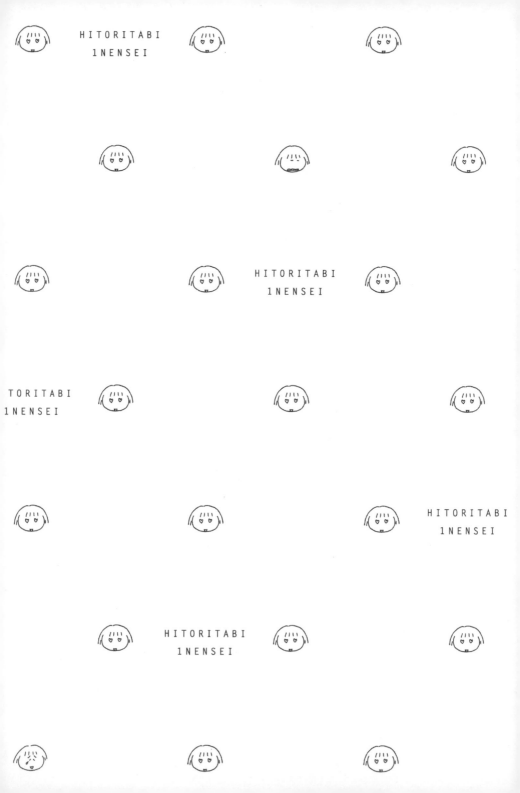